KB245910

술에 미치고 자연에 취하다

옛 문인과 화가 23인의
뜨거운 삶과 예술

일러두기

_작품 제목은「」, 책 제목과 화첩의 제목은『』로 표기하였다.

_중국 인명 표기는 이미 한자 독음 이름으로 많이 알려져 있어 외래어 표기법에 따르지 않고
한자 독음을 그대로 표기하였다.

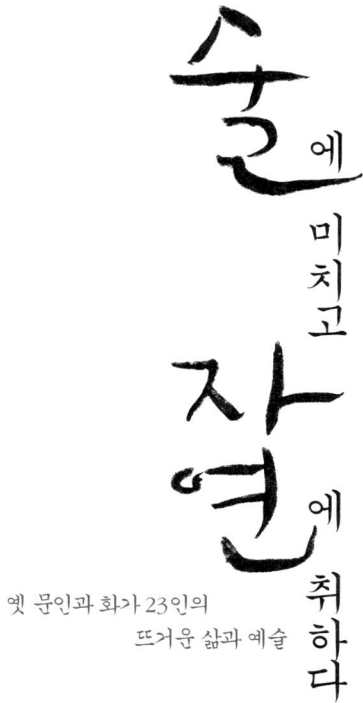

술에 미치고 자연에 취하다

옛 문인과 화가 23인의
뜨거운 삶과 예술

박경희 지음

아트북스

꽃바람이 불기 시작하던 대학원 첫 수업 시간이었다. 예술가들에 관한 이야기가 나왔다. 그저 그 예술가들이 술을 많이 마셨다며 가볍게 오갔던 너무도 흔한 이야기에 불과했다. 하지만 그날 들은 '주광酒狂'과 '청광淸狂'이라는 단어에 나는 이상하게도 온몸이 전율에 휩싸였다. 아직도 잊을 수 없는 그 느낌이 인연이라면 인연이 되어서 이 글을 쓰기에 이르렀다.

나를 미쳐 살게 한, 그토록 낮밤을 하얗게 지새우며 온전히 열정을 불태우게 한 '주광'과 '청광'의 매력은 어디에 있을까. 단연 '광狂'이란 글자에서 뿜어져 나오는 광기와 열정이었을 거다. 스스로도 어찌할 수 없이 휩싸이고 마는 광기와 열정…….

요즘 말로 일종의 마니아적인 집착이랄까?

예술가들에게서 보이는, 특히 문인과 화가에게서 보이는 술과 자연에의 광적인 집착은 동서양을 막론하지만, 동양의 예술가에게 그 의미가 더욱 특별하다. 술과 자연을 대하는 태도, 즉 자연관의 차이로 인해 그러하다. 동양적 세계관에 예술가적 기질이 더해져 동양의 예술가들에게 술과 자연은 일반인의 생각을 넘어서는 성격을 지닌다.

혹자는 그래봤자 미친놈들의 객기라고, 그림(혹은 문학) 한답시고 팬스레 이상한 짓이나 한다고 비웃을지도 모르겠다. 그러나 바로 여기에 판을 뒤엎는 묘미가 있다. 그렇기 때문에 이들이 정말 이상하면서도 신비한 사람들임을 다시 한번 알게 되는 건 아닐까? 보통 사람들에게 예술가란 범접할 수 없는 큰 산이 아니던가.

술과 자연은 예술가들에게 일종의 마약 같은 효과를 일으킨다. 창작의 에너지를 발산시키는 원동력으로 작용하여 예술가들이 광적인 열정을 쏟아 부은 문학이나 그림이 탄생하는 것이다. 만약 예술가들이 술과 자연에 미치지 않았다면 우리는 오늘날 위대한 문학과 그림을 볼 수 없었을지도 모를 일이다.

그러나 무엇보다 흥미를 끄는 것은 '주광' 하고 '청광' 하여 비롯한 그들의 기괴한 삶이다. 술과 자연을 벗 삼아 살아간 그들의 삶 속에는 때로는 우스꽝스럽기도 하고 때로는 가슴을 후비는 일화가 가득하다. 이러한 삶을 들여다볼 때 그들의 작품을 진정으로 이해하는 길에 한 발 들여놓을 수 있는 것이다.

영화 「취화선」으로 대중적 인지도가 높아진 조선 후기의 화가 장승업은 1870~90년에 활동한 개화기 최고의 천재적인 화가이기도 했지만 술에 취하지 않고서는 그림을 그리지 않는 술에 미친 사람이었다. 자고로 화가의 몸속 깊은 곳에 자리한 광기와 열정은 그림을 그리고자 하는 순간에 나타나는 법이다. 장승업은 술상을 차려놓고 한껏 취한 연후에야 옷을 벗고 그림을 그렸다 한다. 뜨거워진 창작의 욕구를 술로 달래기도 하고 또 술로 다시 달구어가며 감흥이 고조된 채로 자신의 천재적인 끼를 화선지에 투영시킨 것이다. 한때 그림을 그려본 입장에서, 그 과정 자체가 얼마나 고통스러운 일인지 이해한다. 스스로 견뎌내기 힘든 무언가가 분출할 때면 예술가들은 더 괴팍해지지만, 그럴수록 작품이 더욱 빛을 발하기도 하는 것이다. 그래서인지 장승업은 언제나 주독이 올라 눈동자가 노랗고 코끝이 붉어져 딸기코인 '주광'한 자였다. 아! 오죽하면 잔만 들면 삽시간에 말술을 마시며, 또 몇 달을 계속 취한 채로 지내는 수도 있었을까.

조선 중기의 화가 김명국도 '주광'이란 별칭을 가졌던 화가다. 그 역시 술과 자연에 지독히도 미쳐 있던 사람이다. 그는 반드시 크게 취한 연후에야 일필휘지하였기에 그 필치가 더욱 자유분방하고 뜻이 무르녹아 신운神韻이 넘쳤다고 기록돼 있는 걸 보면, 대개가 멋지고 열정적인 그림은 취한 후에 많이 그려졌던가 보다. 그러나 이 부분에 대해서는 논란이 많다. 어쨌든 보는 이의 속까지 시원해지는 김명국의 그림과 일화는 그의 호쾌한 성격과 음주벽을 전한다.

조선 후기의 실학자 박제가는 『백화보서百花譜序』에 이런 말을 적었다.

사람이 벽癖이 없으면 쓸모없는 사람일 뿐이다. 대저 벽이란 글자는 질疾에서 나온 것이니, 병 중에서도 편벽된 것이다. 하지만 독창적인 정신을 가지고 전문의 기예를 익히는 것은 왕왕 벽이 있는 사람이이 능히 할 수 있다.

마치 미친 사람처럼 온전히 그것에 미쳐 광기와 열정을 쏟아낼 때 가능한 것이 바로 예술적 성취가 아닐는지⋯⋯. 그것이 예술이 되었든 다른 무엇이 되었든 광기와 열정을 품고 몰두할 때 이룰 수 있음을 시사하는 말이 아닐까.

중국도 예외는 아니어서, 위진남북조 시대의 죽림칠현竹林七賢은 그야말로 술과 자연에 광적으로 미쳤던 장본인들이다. 그 배경에는 당시의 사회·문화·정치적인 상황이 크게 작용하였다. 도가사상이 성행하면서 자유롭고 광달임방曠達任放한 풍조가 만연하자 죽림칠현 같은 문인들이 등장한 것이다. 그들은 술을 즐기며 기탄없이 행동하기를 좋아하고 속기俗氣를 벗어나 자연과 벗하면서 친화하고 몰입하였는데, 이는 그들이 추구한 이상적인 도道의 세계에 대한 열망과 득도得道하기를 바라는 동양적 인식에서 비롯되었다고 할 수 있다.

너무도 잘 알려진 당나라 시인 이백 역시도 그의 지기인 두보가 '주중선酒中仙'이라 불렀을 정도로 술과 시를 사랑한 낭만적 풍류가객이었다. '한 말의 술에 시 백 편을 짓는다(李白斗酒詩百篇)'는 일화로 유명한 이백은 자타가 공인하는 주선酒仙이었다. 그의 「월하독작月下獨酌」이란 시를 보면 술 석 잔이면 큰 도(大道)에 통하고 한 말이면 자연과 통한다고 하였다. 실로 술과 자연을 사랑한 그는 급기야 만년에 우저기牛渚磯를 건널 때 술에 취한 채 달을 잡으려다가 물에 빠져 죽고 말았다고 한다. 이 일화에서 주객이었던 조선 후기의 화가 최북의 낭만적인 삶 또한 떠오른다.

문인과 화가 들의 이러한 기행적인 삶을 관망하다 보니 내심 부러우면서도 재미와 흥미로 보게 되는 것도 사실이다. 하지만 이들의 삶을 들여다보면서 그들 자신도 감당하기 어려웠을 기氣의 분출로 인해 겪었을 고통이 얼마나 컸을까 가슴 깊이 헤아려 보지 않을 수 없었다. 박제가의 「묘향산소기妙香山小記」에도 등장하는 서위徐渭, 그의 삶은 얼마나 우울하고 비참했던가. 위대한 작품의 이면에는 한 사람의 삶을 송두리째 우울로 치닫게 하거나 풍유롭게 하기도 하는 요사스럽고 독한 측면도 있다.

때때로 우리는 너무도 이기적이어서 한 인간의 우울, 슬픔 따위는 안중에 없이, 그저 저들의 삶을 몰래 엿볼 수 있고 그들의 광기와 열정의 산물인 작품을 볼 수 있다는 데 행복해한다. 우울한 천재가 아니어서 또 얼마나 다행인지! 작으나마 옛 문인과 화인의 일면을 전하는 것으로 그들에 대한 미안함을 대신한다.

2008년 7월

박경희

속세를 떠나 술 취해 자연을 떠돌다
_중국의 옛 문인들

술에 취해 자연의 화풍을 완성하다
_중국의 옛 화가들

선비 정신을 세우기 위해 술과 자연에 취하다

한국의 옛 문인들

치솟는 기세가 미칠 듯하구나 ⏤이규보

병중의 병! 서화벽 ⏤이병연

막걸리 두 사발에 안주는 김치뿐 ⏤박지원

옛 그림 베끼기의 즐거움 ⏤박제가

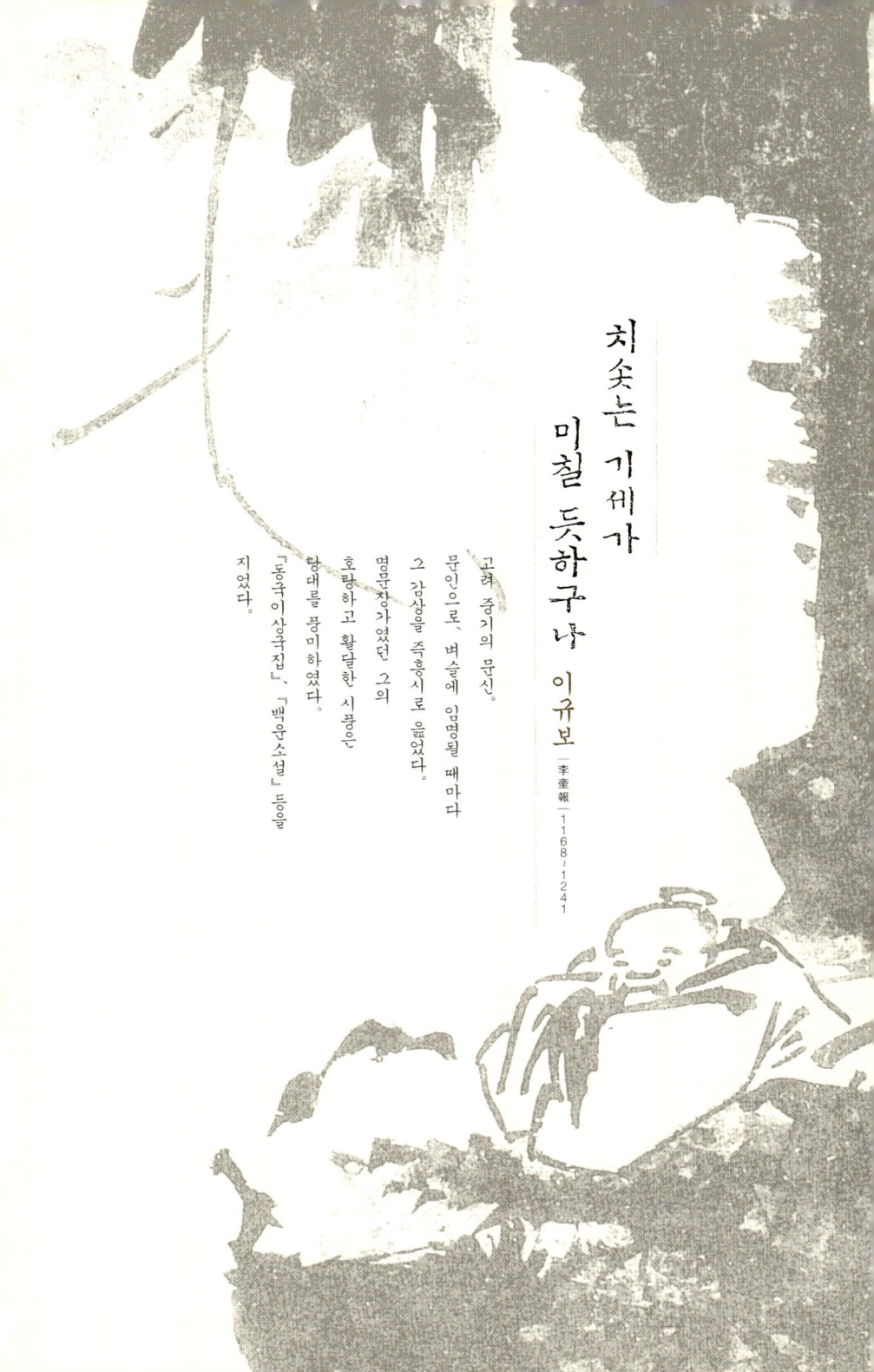

치솟는 기세가
미칠 듯하구나 이규보 李奎報 1168∼1241

고려 중기의 문신.
문인으로, 벼슬에 임명될 때마다
그 감상을 즉흥시로 읊었다.
명문장가였던 그의
호탕하고 활달한 시풍은
당대를 풍미하였다.
『동국이상국집』, 『백운소설』 등을
지었다.

강희안, 「고사관수도」, 종이에 수묵, 23.4×15.7cm, 15세기 중엽,
국립중앙박물관 소장(증박 200806-186)

자연에서 술을 따라
이상세계로 가더라

어느 햇살 좋은 날, 도포 자락 흩날리며 뜻이 맞는 동류인 여럿이 모여 시종과 악사, 때로는 기생들과 함께 너럭바위를 찾아 길을 떠난다. 적당히 그늘진 곳에 느티나무 한 그루가 있다면 더없는 명당이다. 산세가 병풍처럼 드리워진 곳에서 굽이굽이 흐르는 계곡의 물소리에 맞춰 시 한 수 읊고 거문고 한 가락 울리면 마음을 은근히 풀어놓게 되었을 것이다. 유상곡수연流觴曲水宴이라 했던가.

바로 그럴 즈음에 주군酒君이 등장하여 분위기에 합류한다. 한 잔, 두 잔 오고가는 정겨웠을 술자리의 분위기. 생각만으로

도 향긋한 정취가 떠오른다. 마음의 여유로움은 어느새 감흥에 젖고 고조되어서 극도의 절정에 이른다. 이때 문인은 시로 자신의 내면을 읊고, 화가는 그림으로 감흥을 전한다.

한 폭의 동양화 같은 이런 장면을 상상해보면 중세에 자연이 얼마나 큰 의미를 가졌을지 짐작된다. 자연을 하나의 대상물로 바라보는 차원을 넘어 도道를 구현하는 이상세계로 보았던 옛사람들. 따라서 자연을 감상하는 것 자체를 내면을 충실하게 하는, 그러한 인간이 되고자 하는 자기 수양의 방법으로 여겼고, 실천하려 했다.

술은 그곳으로 가는 일종의 안내자이다. 그 안내자의 도움을 받으면 자연과 내가 하나가 되는 자연동화自然同化의 경지, 완전한 하나, 즉 몰입의 절정에 다다를 수 있는 것이다. 다시 말하면 술은 내면의 상태를 고조되고 상승된 경지로 몰입하게 만들어주는 매개이다.

그러나 술과 자연을 좋아하는 사람 중에는 기질적으로 혹은 어떠한 이유에서 광적으로 집착하는 부류가 있다. 물론 이러한 사람들이 모두 시인이나 화가가 되는 것은 아닐 터. 하지만 문인이나 화가 중에는 그러한 사람들이 많았다.

술을 찾는 바람에
마치 미치광이 같아라

대표적인 주성酒聖으로 사람들은 중국의 이백을 들지만 우리에
겐 고려의 이규보가 있다. 이미 열한 살의 어린 나이에 '술잔의
마음은 항상 국麴 선생에 있다'고 한 것만 봐도 그가 얼마나 술
을 사랑했는지 짐작할 수 있지 않은가. 더구나 술 없이는 시를
짓지 않았다고 노래한 그의 시 「화유花柳」에서 가히 시와 술과
거문고를 좋아한 삼혹호三酷好 선생이다 싶다.

    하늘이 나로 하여금

    술을 마시지 않게 하려면

    꽃과 버들이 피지 말도록 하여라

    화유가 꽃다울 때 마시지 못하면

    봄은 나를 버릴지언정

    나는 못 버리겠네

    술잔을 들고 봄을 환상할 때

    봄은 더욱 좋다

    봄바람에 취하여 춤을 추리

꽃도 활짝 피우면

버들 또한 활짝 피우리

화유를 보고 노래할 젠

백세밖에 살지 못하는

인생도 허무하구나

그대여 천금은 이런 때

쓰지 않으면

오직 그 돈은

남이 쓸 것을 모르느냐

꼭 이때쯤일까. 꽃과 버들(화유)을 노래하는 시인은 거스를 수 없는 자연의 이치를 깨닫고 있었다. 한낱 자연의 일부인 인간이 어찌 다가오는 자연의 봄, 그 반가워하는 맞음을 봄 술 없이 맞이할 수 있었을까. 술에 밝은 이만이 부를 수 있는 시가詩歌가 아닐까. 이 시는 또한 해좌칠현海左七賢이라 불리는 이인로 · 임춘 · 오세재 · 이담지 · 황보항 · 조통 · 함순 등 일곱 명의 문인들이 시와 술과 거문고를 벗 삼아 풍류를 즐겼다는 이야기이기도 하다.

이규보는 이렇듯 벼슬보다 풍류를 더 즐겼는데 오죽하면 스님이 차茶를 내주자 술을 찾는 바람에 마치 미치광이 같다는 말을 들었을까. 그는 차 마시기 또한 술처럼 좋아하였는데 말이다. 그가 쓴 차에 관한 시가 무려 40여 수나 전한다. 그래서인지 차와 술 마시기를 자신의 풍류행이라고 했다. 평생 시와 술과 거문고에 빠져 있었기 때문인지 결국 늙어 죽을 때까지도 술을 끊지 못했다. 십대부터 술을 마셨으니까 가히 광적인 집착, 벽癖으로 보는 것도 억지는 아니다.

술과 자연에 과잉된 경향은 그의 시문학으로 표현되어 나타난다. 일흔두 살로 생을 마감할 때까지 서사시 「동명왕편」을 비롯해서 『백운소설』과 『동국이상국집』 등에 무려 7천여 수의 시를 남기지 않았던가.

"술 한 말 마시고
그만 미쳐서"

그의 열정은 비단 시문학에 머무르지 않았다. '해동공자海東孔子'로 불릴 정도로 학문이 깊은 경지에 이른 학자이자 문사였기도 했지만, 이인로李仁老와 더불어서 고전 비평 체계를 최초로 수립했던 이론가로도 회화사 발전에 많은 영향을 미쳤다. 그는 직접 그림을 그리지는 않았지만 "품평은 나만한 이가 없다"고 호언할 정도로 그 자부심이 대단하였다.

비록 체계를 갖춘 논설은 아니었지만 작가와 그것을 바라보는 관람자로서 느낀 감정을 매우 감흥적으로 읊는 제화시문^{題畵詩文}의 형식을 빌려 표현하였다. 『동국이상국집』권7에 실린 글을 보면 이렇다.

어떤 사람이 청산^{靑山} 곁에 집을 지어놓고서 만 길이나 되는 소나무를 마주 대하고 앉아 안력^{眼力}이 다하도록 매일 밤낮으로 보고 또 본 다음 술 한 말 마시고 그만 미쳐서 엎치락뒤치락 토하려 할 때 육 폭 비단 위에 토해버린 것일까, 그렇지 않다면 어떻게 조그만 붓끝으로 천 년토록 죽지 않는 울퉁불퉁한 늙은 소나무를 이토록 그릴 수 있나, 아마도 안개 자욱한 어두운 골짜기에 무쇠 빛의 검은 뱀이 달리려다 멈추고 머리 숙였다가 다시 쳐드는 것일까, 바닷물이 말라붙어 밭이 되어 고래의 앙상한 뼈^骸가 된 골짜기를 메우고 있는데 텅 빈 틈마다 입과 코를 딱 벌리고 구름이 침침한 날에 바람과 우레가 일어 용^龍 울음 짓는 것일까, 온종일 턱 바치고 보아도 수묵으로 모사했다고 믿기지 않으니, 세상에 어이하여 이런 솜씨가 있단 말인가.

「노송도老松圖」라는 병풍그림을 보고 읊은 이 제화시는 그림의 기법이나 외적인 표현형식이 아닌 감상자로서(혹은 비평가)의 내적 감흥을 읊은 점이 이채롭다. 낭만적이고 주정적主情的인 심정으로 보고 있지만 동시에 그의 날카로운 안목이 유감없이 드러나는 대목이기도 하다.

단적으로 "청산 곁에 집을 지어놓고서 만 길이나 되는 소나무를 마주 대하고 앉아 안력이 다하도록 매일 밤낮으로 보고 또 본다"고 한 구절에서는 그의 열정마저 느껴진다. 어찌 눈의 힘이 다 빠질 정도로 밤낮으로 바라볼 수 있을까. 그의 광적인 에너지와 또 거기에 몰입하는 관조적인 태도가 아니고서는 안 될 일이다. 이와 같은 태도에는 어떤 의미가 있을까. 그림을 그리는 작가뿐만 아니라 감상자 역시도 집중적으로 관찰하는 태도를 가져야 한다고 강조하는 것은 아닐까.

이규보는 이러한 집중적인 몰입을 굉장히 중요하게 생각했다. 왜냐하면 사물을 바라보고 인식하는 이러한 자세야말로 사물과 내가 혹은 자연과 내가 진정으로 하나가 될 수 있는 태도이기 때문이다. 그것은 결국 몰입을 통해 자연과의 동화를 이상 세계로 보는 그의 동양적 인식 태도를 말하는 것이기도 하다.

그의 시구 중에 "치솟는 기세가 미칠 듯하구나"라는 구절이 있다. 어떤 이가 쓴 초서草書를 보고 읊은 말이다. 이보다 더 초서의 의미를 강하게 전달하면서도 간결하게 옮길 수 있을까? "치솟는 기세"는 초서의 글자에서 느껴지는 강한 생명력이나 기운을, 즉 만물이 생성화육生成化育하는 힘을 의미하며 "미칠 듯하다"는 표현은 그 자신의 내부로부터 뻗쳐오는 극도의 감정이 얼마나 격정적이고 열정적인지 짐작케 한다.

그의 가슴은 확실히 뜨겁다. 그의 삶이 어떠했을지 모두 알 순 없지만, 적어도 꽤나 낭만적이었을 것만은 분명하다.

풍류 속에서도 날이 서 있는 우뚝한 정신

「노송도」에 쓴 "술 한 말 마시고 그만 미쳐서"는 어떠한 경지였을까. 솔직히 이 열정 넘치는 기세의 표현만큼 그림을 이해할 수 있을지 의심스럽다. 그러나 이규보는 어쩌면 그림을 그린 작가보다 더 깊은 심중으로 그림 너머에 있는 우주의 섭리를 꿰뚫고 있는지도 모른다. 그래, 그랬을 것이다. 그는 작품을 보고 "손대기 전에 마음을 먼저 삼킨다"고 하였으니!

"술 한 말 마시고 그만 미쳐서 엎치락뒤치락 토하려 할 때 육

폭 비단 위에 토해버린 것"은 주광과 청광의 모토라고 할 수 있다. 더할 수 없이 고조되고 상승된 경지로 몰입한 자신의 내면 상태를 나타낸 말이다. 이것을 작품이 그려지는 경위로 본다면 인체 내의 내용물이 의지와는 상관없이 밖으로 토출吐出되어 나오는 생리 현상과 같다는 비유이다. 다시 말하면 그림은 무의도적이며 무조작적이고 무의식적인 행위이며, 저절로 우러나오는 경지인 '무위자연無爲自然'의 심경으로 그려야 한다는 도가적인 생각을 표현한 것이다.

그림에 관한 그의 생각들을 다 살펴보기는 어렵지만 이렇듯 작가와 자연(우주)과의 조화를 강조한 것이 그의 견해이다. 자연에 내재된 무한한 잠재력과 영원성을 올바르게 인식하고 통찰하여 구현함으로써 유한한 인간에 의해 이뤄지는 창작세계를 무한하게 심화·확대하자는 목적이다.

그러기 위해서 작가는 무엇보다 자연(우주)의 마음과 하나가 될 수 있는 흔들리지 않는 몰입(득도)의 자세와 직관력에 의한 정신성의 고양, 이를 실천에 옮기는 행동력 등의 수양과 집중적인 노력이 필요하다. 그러나 그것이 또 아무나 할 수 있는 일인가. 우뚝하게 선다는 것, 그것은 그야말로 소위 천재적인 재능, 천부적으로 타고난 광기가 있는 사람만이 가능하리라.

전해지는 일화에, 그가 지은 외교문서의 문장이 얼마나 탁월했던지 원나라 황제가 보고 탄복하여 몽골군을 스스로 철수시켰다고 한다. 그림에 관한 한 더없이 깊었을 학문적 이론을 "술 한 말 마시고 그만 미쳐서"와 같은 낭만적 시구로 표현한 걸 보면 누구라도 그의 천재적인 글 솜씨에 마음의 동요가 일어날 만도 하겠다.

바로 이것이다. 이규보가 그림에 관한 견해를 자신감 있게 피력할 수 있었던 것은 그 자신의 시작詩作을 통해서 경험했던 경지에서 비롯된 것이리라. 그렇기 때문에 비평자인 자신도 예리한 직관력으로 작가와 마찬가지인 정신적(예술적) 체험을 지녀야 그 작품을 제대로 파악할 수 있다는 의미를 강조할 수 있었다. 그리고 비평가 자신도 작가와 동질의 능력을 갖고 노력하여야 그림을 올바르게 감상할 수 있고 제대로 볼 수 있는 안목이 생기며, 이를 글로 표현했을 때 작품의 가치가 더욱 올라가는 것은 당연한 이치가 아닐는지.

어찌 이리 우뚝할까. 그의 학문적 깊이는 풍류 속에서도 날이 서 있다. 그의 가슴속에 살아 있는 자연에는 우주의 도가 숨쉬고 있고, 언제나 준비된 손에 의해 그의 정신이 깨어나고 있다. 백운재白雲齋의 영정에서 그의 우뚝한 정신을 본다.

병 중의 병! 시화벽

이병연 李秉淵 1671~1751

영조시대 최고의 시인으로 일컬어지는 문인.

그의 시는 대부분 산수와 영물을 시로

대개 서정성이 두드러져 깊은 감회를 불러일으킨다.

당대의 화가 겸재 정선과

고유하여 서로 영향을 받았다.

평생 일만여 수에 달하는 시를 지었다고 하나

저서인 「사천시초」에 오백여 수만이 전한다.

정선, 『경교명승첩』 중 「광나루」, 비단에 채색, 20.1×31.5cm, 1741, 간송미술관 소장

선비들이 눈과 마음을 맑게 하기 위해 항상 산수를 유람하진 않았을 것이다. 그렇다면 그들은 일상에서 어떻게 마음을 수련했을까?

조선 후기 실학자 서유구가 쓴 일종의 백과전서인 『임원경제십육지林園經濟十六志』 중 「이운지怡雲志」에 선비들의 이상적인 일상은 "의리서義理書 읽기, 법첩자法帖子 쓰기, 마음을 맑게 하고 고요히 앉아 있기, 친구와 정담 나누기, 가볍게 술 마시고 반쯤 취하기……"였다고 기록돼 있다. 이 중에서 본이 될 만한 명필의 서첩을 베껴 쓰는 '법첩자 쓰기'가 서화와 관련된 부분이다.

서화를 즐기고 감상하는 것이 선비들의 중요한 일과였던 것이다. 선비들은 청정한 자연에서 노니면서 마음을 수련했을 뿐 아니라 일상에서 서화를 감상하면서도 마음을 정화하곤 했다.

당시 서화 감상용 그림은 주로 자연을 소재로 한 것이 많았다. 대표적으로 산수화가 그렇다. 선비들은 산수화를 보며 대자연의 품에 안긴 듯한 감상에 빠졌을 테고, 이로써 속세에서의 자신을 잊고 대자연과 호흡하며 하나 되는 것을 궁극적인 목적으로 삼았다. 무엇보다도 그림을 걸어놓고 매일 그림 속의 골짜기를 찾아다니고 이 봉우리 저 봉우리를 오르내리면서 지친 몸과 마음의 위안을, 평안을 얻었을 것이다.

이러한 일상은 그저 그 자체가 좋아서 하는 것이지, 굳이 생계를 유지하기 위함이 아니었다. 그러하다 보니 즐거우면 즐겁기 때문에, 또 슬프면 슬퍼서 찾게 되는 습관이다. 이러한 습관이 오래되면 벽癖이 되고 광狂이 되기 마련이다. 서화 감상의 습관이 일상을 차지하면 소위 마니아의 세계로 진입한달 수 있을 게다.

자칫 무모하거나 미친 짓거리로 여겨지기 십상인 습관이기도 하다. 사실 처참하다 싶을 정도로 가난해서 굶기를 밥 먹듯 할 뿐 아니라 본인은 물론 처자식들에게 닥친 궁핍한 삶에 눈물짓기보다 그저 처연하게 받아들이는 선비가 많았던 사실을 보면 그렇다. 아이러니컬하게도 그리 막막했을 생활 속에서 그저 선비로서 제 갈 길을 가는 이 한결같음이 어쩌면 위대한 예술적 산물이 되어서 우리를 열광케 하는지도 모른다.

궁핍한 집에 가득한
서화 골동

영조 시대의 시인 이병연이 그랬다. 각기병에 걸릴 정도로 술을 좋아한 풍류인이었던 이병연. 그는 병중에서도 서화벽書畵癖이 있었던 회화 애호가였다. 천석고황泉石膏肓은 그를 두고 한 말일 것이다.

찢어지게 가난했던 이병연의 처소는 북악산 아래에 있었다. 가난한 선비의 집이 대개 그렇듯이 그의 집은 낡고 초라하기 그지없었다. 이 집에 사는 식구는 아내와 아이들 말고도 하나가 더 있었는데, 바로 서화 골동이었다. 그저 객客 정도가 아니라 서화 골동은 집 안에 가득했다.

한 겨울에는 산 아래로 부는 매서운 바람이 겨우 안과 밖을 구분하는 벽 사이를 수시로 드나들 정도로 궁핍하고 옹색한 집이었다. 그런 집에 이병연은 중국 화가 정건鄭虔의 그림을 비롯한 서화들을 걸어놓고, 시서화詩書畵를 감상하며 서화 골동의 취향을 즐기며 살았던 것이다.

지금으로선 이해가 안 되는 부분이기도 하지만, 당시는 배를 곯을지언정 아침이면 맑은 창가에 놓인 책상을 깨끗이 정돈한 후 향을 피우고 차를 달여놓고는 마음에 맞는 사람과 더불어 산수를 이야기하고 서법과 명화를 품평하는 것을 인생의 제일 큰 즐거움으로 삼았다. 그게 유행이었다. 보편적인 선비 문화였다고 할까⋯⋯.

이런 일도 있었다. 조선 후기의 문신이자 서화 골동의 최다 수장가였던 신정하申靖夏의 집에 도둑이 들었다. 평소에도 신정하의 집에는 서화 골동을 금은보화로 알고 도둑들이 득실거렸다고 하니 그의 집 분위기를 알 만하다. 어쨌든 다행인지 불행인지 들어왔던 도둑이 그냥 되돌아갔는데, 도둑의 안목이 없었던 게다. 도둑의 눈에 보이는 것은 종이요 온통 술병과 밥 먹는 그릇뿐이니, 에잇, 하고 돌아서는 수밖에⋯⋯.

조선 후기의 과도한 서화 골동 수집 취향을 당시에 이정섭李廷燮은 이렇게 빗대었다.

요즘 사람들은 고서화古書畵를 많이 모으는 것을 청아한 취향으로 여겨, 어떤 사람이 한 조각 비단화폭이라도 가지고 있다는 소문을 들으면, 반드시 수단과 방법을 가리지 않고 그것을 구입하여 장롱을 채우고 대나무 상자가 넘치게 하여 자랑하며 보장으로 여기는데, 도리어 자가自家에 각기 밝고 환한 보장처寶藏處를 갖추고 있는 걸 알 수가 없으며, 그 지위지중至貴至重하게 여기는 것이 서화書畵가 아니면 비할 것이 어떤 것이 있겠는가?

이병연의 서화 골동 수집도 남달랐다. 특히 송宋과 원대元代의 이름난 유적을 많이 소장했다고 한다. 한편, 당시 유통되는 작품 중 마원馬遠의 회화 작품 대부분이 위작이었다고 하는데, 그만큼 수요가 많았음을 반증하는 지적이기도 하다.

가슴을 열어준 화가
정선과 교유하다

당대의 문인인 남유용南有容은 이병연이 "그림을 몹시 좋아하여 하양현감 정선鄭敾과 노닐었는데 정군鄭君은 그림을 잘 그려 이공李公(이병연)이 고화古畵를 얻으면 반드시 정군에게 물어보고 정군이 좋다고 한 연후에야 소장했기 때문에 이공은 그림을 잘 모르지만 좋은 그림을 가장 많이 소장하고 있다"고 했다. 그가 얼마나 서화에 집착하고 애호하였는지, 또 정선과 얼마나 가까 웠는지 짐작할 수 있는 대목이다.

실소를 자아내게 하는 일화도 있다. 정선과 친분이 두터웠던 지라 이병연이 정선의 그림을 적잖이 소장했었는데, 어느 날엔 가 이를 연경燕京(베이징)에 내다 팔아버린 것이다. 그는 그림 판 돈으로 쌀을 산 걸까 아니면 술을 산 걸까. 그 돈으로 꼭 읽 고 싶었던 책을 사서 보았을 수도 있다. 책을 읽고자 하는 선비 의 욕심이 소박해서일까, 다행히 정선은 개의치 않았다.

서화에 대한 애호는 이병연 개인으로서는 광적인 벽이었지 만 조선 후기에 회화를 애호하는 풍조가 형성되는 데 중요한 역할을 하기도 했다. 그 뒤를 박지원과 박제가가 잇는 등 서화 애호는 당대의 풍류이자 문화적 유행이었다.

정래교鄭來僑의 『완암집浣庵集』에서 이병연에 대해 묘사된 구절 을 찾아볼 수 있다.

선생은 습성이 소탈해 의관을 떨쳐버리고,
가난한 것 불문하고 진솔하게 술 마시네.

술 너무 마시어 각기병 생겼으나,

회시를 지으며 길들인 어린 나귀와 짝하네.

산림 가까이 살아도 진세塵世의 기색 없으며

서화를 즐기는 한가한 고인古人일세.

병으로 인해 오랫동안 앉아서,

포옹圃翁과 새로운 농담 즐기네.

거듭 말했듯이 이병연은 몹시 가난하였다. 그의 지인들이 전하는 일화에 작고 초라한 집이라든지 가난하다는 말이 자주 나온다. 그럼에도 술을 너무 마시어 각기병에 걸렸으니, 이를 탓할 만도 하건만 또 그렇지가 않다. 오히려 깊은 연민과 질병에 시달리는 이병연의 처지를 알아줄 회심인會心人이 없음을 멀리 있는 지인들은 걱정했다. 정래교와 이병연의 돈독한 정을 느낄 수 있다. 이런 친구가 그립다. 가슴을 열어주는 만남이란, 이를 두고 한 말일 게다. 정선도 말년에 고통에 시달리는 이병연에게 가슴을 열어 보이지 않았던가.

이병연은 이토록 마음을 다해주는 지인이 많았다. 그가 열정을 다했고 성품 또한 격이 높았기 때문일 게다. 이러한 점에 대해 『영조실록』에서 기록을 찾아볼 수 있는데, 이병연은 문장에서 보듯 워낙 소탈한 성품에다 옷조차도 까다롭게 입지 않아 신선 같은 풍모를 지녔다 한다.

술을 마시지 않고는 시를 짓지 않았다는 일화도 전해진다. 서화벽 못지않게 주광한 자의 면모를 지녔던 것이다. 진나라 죽림칠현의 완적阮籍과 유영劉伶을 흠모했던 탓인지 이병연 자신도 그들처럼 유유자적하며 초연하게 시작詩作 생활을 하며 노년을 보냈다.(『완암집』권2)

죽음에 다다른
지기를 위한 진선의 그림

이병연과 각별하면서도 아주 지극한 우정을 나누었던 지기인 겸재 정선. 이병연의 서화벽 때문에 교유하게 된 두 사람은 스승 김창흡의 집을 사이에 두고 한 동네에서 살았다. 한 사람은 열정적 에너지를 그림에 쏟아 붓고 또 한 사람은 1만 1천 수가 넘는 한시를 남긴, 그야말로 '좌사천 우겸재'라 불리던 막역한 사이였다. 무려 60여 년이나 되는 긴 세월을 시와 그림으로 우정을 나눈 이들의 아름다운 관계는 시화첩詩畵帖이라는 결실을 맺었다.

정선, 「시화상간도」, 『경교명승첩』 중, 비단에 채색, 29×26.4cm, 1741

간송미술관이 소장하고 있는 『경교명승첩京郊名勝帖』이 바로 그것이다.

　겸재 정선과 더불어 '시가 가면 그림이 온다'는 기약이 있어
　약속대로 가고 오기를 시작하였다.
　내 시와 자네 그림 서로 바꿔볼 적에
　둘 사이 경중을 어찌 값으로 따지겠나
　시는 간장에서 나오고 그림은 손으로 휘두르는 것
　모르겠네, 누가 쉽고 또 누가 어려운지!

　이병연의 이 시를 주제로 정선은 「시화상간도詩畵相看圖」를 그린다. 이렇게 한양의 이병연이 시를 써서 보내면 양천의 정선이 그림으로 화답했다. 이들의 서로에 대한 깊은 우정은 남녀의 사랑과는 또 다른 그리움이며, 또 이들의 교우는 서로에 대한 지독한 열정이 아닐 수가 없다. 열렬한 사랑 뒤에 오는 죽음에 대한 공포와 공허는 팔순의 정선과 이병연에게도 깊고 고통스러웠던 모양이다. 이병연이 세상과의 인연을 접어야 했을 때 정선은 휘청거렸다. 며칠째 비바람이 몰아치더니 갑작스레 갠 초여름 오후, 정선은 친구 이병연의 고통과 죽음을 생각하면서

정선, 「인왕제색도」, 종이에 수묵, 79.2,×138.2cm, 1751, 호암미술관 소장

인왕산을 오른다. 친구의 고통을 뼛속까지 느낀 정선은 병마에 시달리고 있는 친구를 위해 그림을 그린다. 바로 「인왕제색도」 다. 그리고 인왕산에서 생사의 길목에 서 있는 오랜 친구 이병 연과의 인연을 접어야 했다.

며칠째 몰아치던 소나기가 그친 뒤 비에 젖은 바위는 무거워 보인다. 빗줄기에 짓이겨지는 소나무는 죽음을 앞에 둔 지기에 대한 통절한 정선의 마음이었다. 인왕산의 검은색 바위는 비에 젖은 바위의 모습을 넘어서 타들어가는 정선 자신의 가슴을 그 렸던 게 아닐까.

막걸리 두 사발에
안주는 김치뿐 박지원 —朴趾源— 1737~1805

조선 후기 실학자이자 소설가이다.
1780년에 청나라를 다녀온 후
『열하일기』를 저술하여
진보적 사상을 담은 유려한 문장을 선보였으며
자유 기발한 문체를 구사한
한문소설 여러 편을 발표하여 큰 영향을 끼쳤다.
가난하였지만 선비가 지녀야 할
풍류를 즐길 줄 알았고,
술에 얽힌 일화가 많이 전해질 정도로
애주가였으나 위엄 있는 눈빛만큼
지조를 지키며 살았다.
문인이었지만 사의성 질은 그림을 잘 그렸으며
글씨에서는 초일한 일적의 분방함이 묻어났다.
문집으로 『연암집』이 전해진다.

박지원, 「국죽도」, 종이에 수묵담채, 18세기, 단국대도서관 소장

연암골에 들어간
애주가 연암

초목이 우거지고 길이 나 있지 않아 겨우 시냇물을 따라 거슬러 올라가니 기이한 땅이 보인다. 언덕은 평평하고 산기슭은 수려하며 바위는 희고 모래는 깨끗하구나! 검푸른 절벽이 깎아지른 듯이 서 있는 모습이 마치 8폭 병풍을 펼쳐놓은 것 같다. 시냇물은 맑아 속이 비치고 너럭바위는 판판하며 그 가운데 평평하고 잡초 우거진 빈터가 널찍하여 그곳에 기거할 집을 지어 살면 어떠할꼬.

　박지원은 개성을 유람하다 황해도 장단의 보봉산에 있는 화장사에 올라 동쪽으로 아침 해가 떠오르는 연암골의 정경을 보고 한눈에 반해서 이곳에 은거하기로 마음을 정했다. 그리고 스스로 호를 연암燕巖이라 하였다. 이 연암골로 들어간 후부터 더욱 세상에 뜻을 두지 않았다 하니 그저 자연과 술을 벗하며 살지 않았을까.

성품이 매우 호방한 연암은 아주 젊을 때부터 친한 벗들과 모여 글 짓고 술 마시며 질탕하게 노는 일이 많았다. 그러나 그가 과거科擧를 단념하고 산수를 유람하면서부터는 술을 더 많이 마시기 시작했는데, 이후 연암골에 들어가고 나서는 그곳의 자연을 벗 삼아 아주 취하도록 마셨다 한다.

그가 대단한 애주가였음을 보여주는 일화도 전해진다.

만년에 박지원이 연암골을 다시 찾았다. 개성을 지나 옛날에 기거하던 집을 찾아가는 길이었다. 당시 개성유수는 박지원과는 안면이 없는 사이였으나 연암이 개성을 지나간다는 말을 듣고 옛 친구를 만난 듯이 기뻐하며 큰 술병을 가져와 함께 취하도록 마시자고 했던가 보다. 이미 술을 대여섯 잔 마신 상태였지만, 커다란 사발로 술을 돌렸고 이내 술이 떨어지자 다른 술을 내놓았다. 이 술자리는 한밤중이 되어서야 끝났다. 유수가 대취하여 부축을 받으며 돌아가자 연암은 다른 방에 피해 있던 여러 손님들을 다시 나오라고 하여 바로 술을 청해 마시니, 이때 마신 술이 도합 50여 잔! 그러고도 아침에 동이 틀 때까지 태연하게 담소하다 훌쩍 말에 올라 길을 떠났다는 것이다.

또 이런 일도 있었다. 정조 8년의 어느 날, 남산골에 사는 이승지가 사인교를 타고 지나는데 갑자기 한 초라한 선비가 앞을 가로 막더니 누추하나 자신의 집에 잠시 들렀다 가기를 청하였다. 이승지가 거절하자 도도하게 군다느니 비싸게 군다느니 하며, 선비는 기어코 이승지를 자신의 집에 들어가게 했다. 이승지가 들어가 보니 누추한 집에 오로지 서책만이 가득 쌓여 있었다. 손님이 오셨다고 부인이 술상을 내왔는데 막걸리 두 사발에 안주는 김치뿐이었고 그나마도 이승지에게는 권하지도 않고 주인인 자기만 술을 다 마셔버리는 것이었다. 이에 이승지가 기가 막혀 '거 뉘시오?'라고 물으니 대답은 않고, '오늘은 영감이 내 술 낚시에 걸려들었오'라며 껄껄껄!

물론 이 초라한 선비는 박지원이었다. 연암은 가난하여 그 좋아하는 술을 맘껏 마시지 못할 때가 많았다. 아내가 손님이 와야만 막걸리 딱 두 잔만 내놓기 때문에 풍채가 그럴듯한 인물을 보면 술을 마실 수 있는 미끼로 삼았다는 재미있는 일화이다.

그러나 그는 한평생 가난하게 살기를 주저하지 않으며, 관직에
있는 사람이 부유한 것을 오히려 부끄럽게 여길 만큼 청렴결백
을 생명처럼 여겼던 인물이기도 했다. 그 자식들에게도 결코
부를 축적하지 말라고 늘 당부하였던 선비 중의 선비였다. 물
론 그의 처자식들이 가난 때문에 겪는 고통을 몰랐을 리가 없
다. 그러나 연암의 아내 숙인淑人 전주 이씨는 가난과 고통을 감
내하기 힘들었음에도 단 한 번 눈살을 찌푸려 괴로운 내색을
하지 않았다 하니 이 또한 군자와도 같지 않은가. 굶주림을 숙
명처럼 받아들인 처연함은 기실 연암의 타고난 성품을 알기에
그저 지켜보기로 한 마음에서 나온 게 아닐까.

이와 같은 연암의 곧은 성품 때문인지 권세가의 비위를 거스
르는 일도 많았고, 그의 타고난 학문의 깊이와 글 솜씨를 질투
하고 시기하는 사람들 또한 많았다고 한다. 그의 나이 마흔네
살 때(경자년, 1780) 홍국영이 세력을 잃어 화근은 사라졌지만,
옛 친구들은 거의 세상을 떠났고 분위기도 변해서 그는 세상일
에 더욱 뜻을 잃고 말과 행동에 거리낌이 없는 방달放達한 생활

을 하였다. 이런 태도는 그가 시대를 살아가는 처세술이기도 했다.

연암을 시기하는 자도 많았지만 또한 따르고 좋아했던 지기들도 많았으니, 그는 외롭지 않았을 것 같다. 연암과 시서화를 즐기며 교유하였던 이른바 '연암 그룹'이 있었다. 이들은 대부분 변방 출신의 지식인으로, 함께 어울려 술 마시고 담론하면서 각별한 우정과 결속을 다졌다. 이들 중 연암과 매우 절친했던 이덕무李德懋가 『선교당농소蟬橋堂濃笑』에 지기에 대해 쓴 글이 실려 있다.

만약 한 사람의 지기를 얻게 된다면 나는 이렇게 하겠다. 10년 간 뽕나무를 심고, 1년 간 누에를 쳐서 손수 오색실을 물들이겠다. 열흘에 한 색깔씩 물들여 50일 만에 다섯 색을 물들이겠다. 이것을 따뜻한 봄볕에 쬐어 말린 뒤, 여린 아내에게 부탁하여 1백 번 단련한 금침으로 내 친구의 얼굴을 수놓게 하겠다. 그러고 나서 귀한 비단으로 표구하여 오래된 옥으로 축을 달겠다. 우뚝이 높은 산, 아득히 흘러가는 강물 사이에 그 그림을 펼쳐놓고 마주 보며 말없이 있다가, 저물녘에 품에 안고 돌아오겠다.

감동적이다 못해 가슴 밑바닥에서 간절함이 스멀스멀 기어오른다. 그립다. 강렬한 열정이 느껴진다. 일편단심이 어디 연인 사이뿐이랴. 지기를 향한 그리움이 인상적이지 않은가!

사의성 짙은 그림
초일한 글씨

연암은 재사才思가 흘러 넘쳐서 고금에 가장 뛰어났다. 또한 산수를 그리매 그 소산疎散한 취미와 그윽하고 아득한 모양이 넉넉히 대미大米(미불米芾을 일컬음)의 집에 들어갈 만했고, 글씨를 쓰매 초일超逸한 태도가 줄줄 흘러서 기기하고 괴괴한 모양이 어떤 물건과도 비교할 수가 없었다. 이덕무도 『청비록清脾錄』에서 말하기를, 연암이 때때로 산수화를 그렸는데 그 담박하고 그윽한 정취가 넉넉히 미불의 경지에 이르렀다고 했다.

문인이었지만 그가 그린 「국죽도菊竹圖」는 이 같은 사실을 증명이라도 하듯이 수준 높은 그림이다. 거칠고 자유로운 조방粗放한 필筆이 소산하면서도 그윽한 문기가 흐르는 듯하다. 명대 동기창의 문인화 정신을 표출하려 한 것으로 보인다.

연암 자신도 "사물의 생생한 움직임과 그 미묘한 내적 본질

박지원, 「국죽도」, 종이에 담채, 18세기

박지원, 「박희원에게 보낸 서간」, 1781(위)

박주수, 「박지원 초상」(아래)

을 꿰뚫어볼 때 비로소 대상을 아는 것이라 했고, 이는 결코 쉬운 일이 아니다"라고 했듯이 그의 그림엔 깊은 사색에서 오는 사의성寫意性이 짙게 우러나온다. 그리고 그의 형 박희원朴喜源에게 보낸 서간書簡체의 행서에서는 초일한 일격의 분방함이 엿보인다.

지조를 지킨
풍류객

문득 박지원은 어떤 모습일까 궁금해진다. 체구가 작고 완고한 선비의 모습일까? 그의 아들 박종채朴宗采가 전하는 아버지의 모습은 참으로 당당하다. 키가 크고 풍채가 좋으며 용모가 엄숙하고 단정해서 앉아 있을 때는 하도 늠름하여 범접할 수 없는 위엄이 느껴진다. 안색은 불그레하고 윤기가 나며, 눈자위는 쌍꺼풀이 졌고, 광대뼈는 귀밑까지 뻗쳤으며 긴 얼굴에 듬성듬성 구레나룻이 있다.

박지원의 손자 박주수朴珠壽가 그렸다는 초상화를 보니 윤두서의 자화상이 떠오른다. 쭉 치켜 올라간 눈은 매서운 학자의 예리함과 명석함을 나타내는 백호의 모습이다. 완고함과 엄숙함이 묻어난다.

갑자기 이런 일화가 생각난다. 그의 벗이자 처남이었던 지계공 이재성李在誠이 한 말이다.

매양 술이 거나해지고 밤이 깊어 등잔불이 가물가물하면 담소는 한창 무르익고 앞자리의 기생들은 구성지게 노래를 불렀었지. 이즈음 사람들은 바야흐로 신이 나고 흥이 고조되었는데, 공이(연암) 근엄한 낯빛과 엄숙한 목소리로 '어험! 물렀거어라' 기생들을 일순간 물러나게 하곤 했지. 그러면 사람들은 흥이 싹 식고 말았지. 아마도 스스로를 절제하며 극기하는 방법이 아니었나 싶어…….

초상화 속에 보이는 눈빛과 근엄함으로 달구어진 분위기를 묵직하게 가라앉히는 절제의 묘미에 일순간 황당했을 사람들을 떠올리니 재미있지만, 연암은 평생 소실을 둔 적이 없는 지조 있는 사람이었던 것이다. 풍류를 좋아하고 즐겼으되, 결코 기생에게 몸과 마음을 주는 일은 없었다.

옛 그림 베끼기의 즐거움 박제가

朴齊家 1750~1815

조선 후기의 실학자로
북학파 중 한 명이다.
박지원에게서 사사했으며 시서화에 뛰어났다.
청나라를 다녀온 후 조선의 사회적 폐단을 지적하고
개혁 방안을 제시한 『북학의』로 주목받았으며,
광적으로 몰입하고 집착하는
일종의 벽을 가진 사람들의 태도를
전문지예를 갖추기 위한 것이라 본 박제가는
「회인시」나 「백화보서」 등의 글에서
벽을 가진 사람들에 관한 이야기를 서술했다.

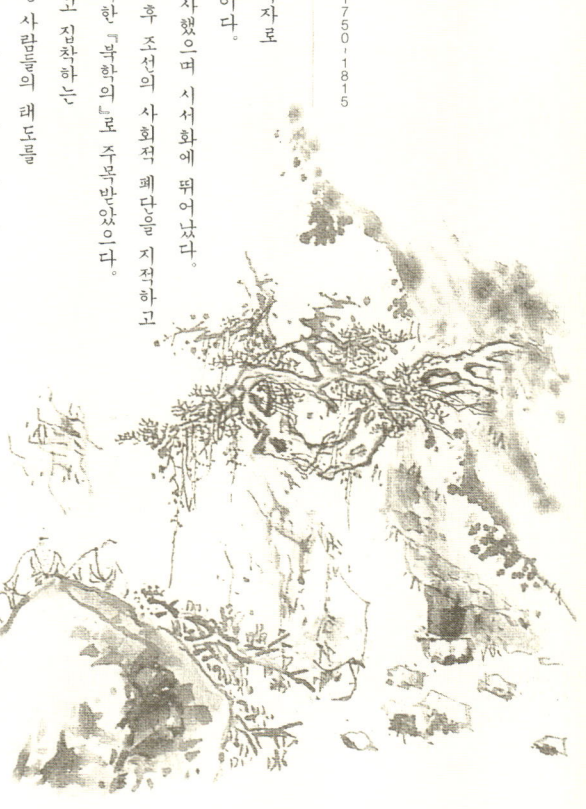

박제가, 「의암관수도」, 종이에 수묵담채, 33.8×26.7cm, 개인 소장

박제가
효과

본래 학자이지만 박제가는 그림 그리기와 글씨 쓰기를 아주 좋아했다. 특히 옛 그림을 베끼는 즐거움을 그 무엇보다 크게 여길 만큼 집착하고 탐닉했다.

사실 이런 집착이나 취향은 당시의 유가적儒家的 입장에서 볼때는 군자가 경계하고 멀리해야 할 대상이었다. 유가에서는 완물상지玩物喪志라는 말로 사물에 대한 지나친 집착을 경계했다. 그럼에도 이 시대에는 서화벽이니 주유벽이니 혹은 방랑벽이니 하는 일종의 개인적인 기호나 취미가 도를 넘어서 광적인 집착을 보이는 경우가 많았다. 병은 병인데 고칠 수 없는 아주

고질적인 병…… 이것이 벽癖이 아니고 무엇이겠는가.

이 벽을 앓은 덕에 유명인사가 되기도 했다. 앞에 잠깐 언급한 이덕무라는 인물도 '간서치看書癡'라 해서 '책만 읽는 멍청이' 혹은 '책만 보는 미치광이'라 불렸다. 또한 박지원이 속한 '연암 그룹'도 취미가 같은 사람들끼리 모여서 시서화를 감상하고 또 수장도 하는 일종의 마니아적인 모임이었다.

그 시절에 왜 이런 사람들이 많았던 걸까. 박지원의 『열하일기』도 명청대의 패관소품稗官小品이라고 질시 받은 적이 있지만, 이런 병적인 집착이나 취향은 명말의 패관소품을 즐겨 읽었던 까닭에 생겨났다 해도 무리가 아니다. 패관소품은 명나라 말기와 청나라 때 유행한 문장으로 희곡이나 소설, 패관잡기 등의 시민적인 문예를 말한다. 하물며 기존의 정통 한문학의 문체도 그 영향을 받아 기발하거나 자유분방하거나 감각적이거나 때론 섬약한 면모를 보여준다. 이런 한문 문체를 소품체라고 부르는데, 이것이 조선 후기 문단에도 성행했다. 박제가 또한 이러한 소품에서 영향을 받은 것이 분명하다.

더욱이 박제가는 당시 중국과의 잦은 왕래에서 사신 자격으로 북경을 여러 차례 갔고, 또 이때에 중국의 뛰어난 사대부들과 시문을 주고받기까지 했으니, 그 영향력이 어떠했을지 짐작할 수 있다. 게다가 중국에서 그의 명성도 높아서 위작까지 있을 정도였다니 당시 조선 지식인들에게 박제가가 미쳤을 파급 효과는 대단했을 것이다.

너무 앞선 지식인의
외로움

박제가는 양반 집안의 서자로 태어났다. 꼬리표처럼 따라다녔을 출신성분, 서얼의 아픔은 늘 그의 발목을 잡았을 것이다. 그래서일까. 그는 항상 고독했다. 많은 변방 출신의 지식인들과 교유하면서 살았지만 언제나 사람에 대한 갈증과 목마름으로 지기를 찾아다니는 방랑자처럼 지냈다. 그는 이렇게 말한다.

"이상하다. 수많은 사람 겪었으나 뜻하는 바가 달라 내 의지는 늘 외롭구나."

그의 고독은 진정 자기의 학문적 세계를 알아주지 않는 지기가 없다는 데에서 오는 고독이요, 자신의 능력을 인정받지 못하는 데에서 오는 외로움이었다.

생각해보면 그가 가졌던 깊은 외로움은 그도 역시 사람이기에 비롯된, 그러니까 사람과의 관계에서 비롯된 먼 그리움 같은 외로움이 아니었을까 싶다. 연인과의 사랑에서 비롯되는 외로움이 아니더라도 우리에겐 늘 그런 그리움, 외로움이 가슴 밑바닥에 꽉 달라붙어 있지 않은가. 문득 이런 시로 그를 위로하고 싶다.

울지 마라
외로우니까 사람이다
살아간다는 것은 외로움을 견디는 일이다
(중략)
새들이 나뭇가지에 앉아 있는 것도 외로움 때문이고
네가 물가에 앉아 있는 것도 외로움 때문이다
산 그림자도 외로워서 하루에 한 번씩 마을로 내려온다
종소리도 외로워서 울려 퍼진다
—정호승, 「수선화에게」 중에서

18세기를 살아가기에 그는 너무 앞서 있던 지식인이었을까. 스스로 깨어 있는 지식인으로 살고자 했고 또 그렇게 행동하며 살았기에 당연히 고독할 수밖에 없었다.

어린 아들 나를 거의 보지 못하여

다가오다 돌아서서 머뭇거리고

어미에게 무릎으로 기어가더니

언뜻 돌아보는 그 모습 두꺼비 같다.

작은딸은 이제 겨우 일곱 넘겼고

큰딸은 열 살 남짓인데

뒤질세라 다가와 반찬 권하며

무릎 곁에 뱅뱅 돌며 소매 붙잡네.

그 모습이 옛 인장끈에

새끼 사자 웅크린 걸 그려놓은 듯.

부모자식 간에 오가는 애틋함보다 왠지 모를 낯선 고독과 슬픔이 느껴진다. 박제가가 검서관檢書官이 되어 오랜만에 집에 왔건만 선뜻 아비에게 다가오지 못하는 아이들의 모습을 그린 시다. 지그시 입술을 깨물게 되고 눈에 눈물이 고이게 되는 시다. 박제가의 지친 고독함이 고스란히 느껴진다. 박제가의 시는 이렇듯 인간과 관련된, 사람들과의 만남을 주제로 하되 그 안에 고독이 담겨 있다.

그의 인간관을 이해하는 데 도움이 되는 「회인시懷人詩」 연작이 있다. 「회인시」는 말 그대로 마음에 품은 사람, 즉 그가 좋아하는 사람들의 삶과 특징을 묘사한 시이다. 두보가 「음중팔선가飮中八仙歌」에서 술에 취한 여덟 사람의 풍모와 특징을 묘사했다면, 박제가의 「회인시」는 속세의 부귀와 명예를 버린, 이른바 무엇인가에 집착하고 몰입하는 벽을 가진 자들의 풍모를 묘사한 글이다. 박제가는 여기서 벽이 없이 세상을 살아가는 자를 가장 경멸한다. 그가 추구하는 인간형은 주로 벽을 가진 사람이었음을 여실히 보여준다.

이들은 세인이 말하는 소위 '미친 사람들'로 보였기에 멸시와 손가락질을 받았다. 그러나 광적인 벽을 통해 전문적인 지식과 예술의 세계를 끌어올린 학자요 예술가와 지식인들이었다. 이러한 벽이 있는 자가 이 시대를 사는 가장 바람직한 지성인이라고 박제가는 말한다. 생활의 곤궁함을 아랑곳하지 않고 미치광이라는 멸시를 참아내면서 세상의 무관심과 아무도 알아주지 않는 고독에도 오롯이 자기의 길을 가는 자가 시대를 앞서가는 지성인의 자세라 본 것이다. 게다가 불행히도 이들이 대우받는 시대가 아니었기 때문에 그러한 처지를 울분과 연민의 감정으로 토로할 수밖에 없었다.

그는 「백화보서百花譜序」에서 말한다.

사람이 벽이 없으면 쓸모없는 사람일 뿐이다. 대저 벽癖이란 글자는 병病이란 글자에서 나온 것이니, 지나친 데서 생긴 병이다. 그러나 홀로 걸어가는 정신을 갖추고 전문의 기예를 익히는 것은 왕왕 벽이 있는 사람만이 능히 할 수 있다.

전문지예專門之藝를 갖추려면 집착 같은 벽이 있어야 한다는 말이다. 이 같은 인식은 그의 시문학의 의식세계뿐만 아니라 조선 후기 회화에도 영향을 미쳤다.

당시 회화에서 높은 경지에 이르기 위해서는 그림을 힘들여 노력하고 궁구해야 하는 대상이라고 보았다. 따라서 회화에서 벽이 나타난 것은 조선 후기 문인화가들의 회화 활동이 단지 여기적인 차원이 아니라 보다 전문화되어가는 경향이 있었음을 의미한다. 이는 그림이 단지 화업 종사자만이 그리는 것이 아닌 문사층에 의해 학문의 하나로 전력을 기울이고 전문적으로 궁구하고 연구하는 대상으로 이해되고 있었다는 사실을 말한다.

재능이 있어도 끊임없이 노력하지 않는다면 성취는 있을 수 없다. 그러나 부족해도 끊임없이 노력하고 부단히 궁구하는 몰입의 자세로 흔들림 없이 임한다면 언젠가는 툭 터지지 않을까. 그것이 진정 진실임을 믿고 싶다.

역시 「백화보서」에 이런 말이 있다.

김군은 늘 화원花園으로 날래게 달려가서 꽃을 주시한 채 하루 종일 눈 한 번 꿈쩍하지 않는다. 꽃 아래에 자리를 마련한 채 누워서 손님이 와도 한마디 말도 나누지 않는다. 그런 김군을 보고 미친 자가 아니면 바보일 것이라고 생각하여 손가락질 하고 비웃기를 그치지 않는 자가 한둘이 아니다. 그러나 그를 비웃는 자는 비웃음 소리가 미처 끝나기도 전에 살아 있는 뜻이 벌써 사라져버린다.

꽃에 미쳐 세상의 어떠한 자극에도 동요하지 않는 김군의 이야기는 결국 벽을 가진 자의 몰입하는 자세에 대한 이야기이다. 이는 흡사 미친 사람의 짓으로 비웃음을 받았지만 김군이 굴하지 않고 계속한 집중과 몰입은 꽃에 관한한 누구도 따라올 수 없는 우뚝한 보람을 만들 수 있었던 것이다.

벽은 단순히 즐기거나 좋아하는 차원의 것이 아니다. 바로 미친 듯이 몰두하는 몰입의 경지, 고도의 집중 상태를 요한다. 이것이 광이고 벽이 되는 마니아적인 발상이다. 예컨대 주벽을 넘어 기광할 정도의 기행으로 유명한 서위라는 화가의 기괴한 이야기가 박제가의 「묘향산소기」에 소개된 것도 이 같은 이유 때문이 아니겠는가.

「묘향산소기」는 선비들이 산수를 유람하면서 적어놓은 일종의 기행문이다. 묘향산에 산수 유람을 갔다가 피곤하여 잠자리에 누웠는데 오라는 잠은 오지 않고 달빛은 또 왜 그리 밝은지, 이리하여 우연히 손에 잡힌 책을 읽게 되니 원굉도袁宏道가 지은 「서문장전徐文長傳」이었다. 서위의 비운했던 일대기를 가슴 깊이 통절하며 읽었던 모양이다. '허허, 아니 이럴 수가!' 연발하며, 읽는 내내 놀라고 괴성을 질렀다 한다. 어느새 서위의 삶 속에 그 자신이 들어가 있었다. 완전한 몰입이었다. 어느새 하얗게

상기된 아침 해가 떠오르고 있었다.

명 말 청 초의 천재적인 화가이면서 문인이기도 했던 서위의 삶은 지금도 눈물 없이는 볼 수 없는 한 편의 비극적인 영화처럼 우울하다. 서양의 빈센트 반 고흐처럼 말이다. 서위는 자신에게 닥친 기괴하고 기이한 삶을 감내하기 힘들어 술에 빠져 미치광이가 되지 않을 수 없었다. 술을 들이키고는 모든 괴로움을 떨쳐버리려는 듯 분방하고 거친 그림들을 그린 서위는 모든 형식어서 벗어나 있는 기인이었다.

아마도 박제가는 이러한 서위의 삶과 예술에 감동하고 동시에 자신의 불우한 처지와 서얼 출신의 아픔과 신분의 질곡을 동일시하여 그 마음을 글로 남긴 것은 아닐까. 서위의 기괴하고도 미치광이 같은 행동과 삶, 예를 들면 가슴에 쌓인 울분을 그 스스로도 어쩌지 못해 도끼로 제 머리를 쳤던 일이나, 송곳으로 두 귀를 찌르는 광기 어린 기행들을 예술가들의 기질적인 광이나 벽으로 이해하는 박제가의 능력은 또 아무나 할 수 있는 그런 것이 아니다.

일반인들 눈에는 그저 미치광이로 밖에 보이지 않았을 기행을 승화된 예술로, 더군다나 가슴 깊이 마음으로 이해할 수 있다는 것은 박제가 자신이 그림에 미쳐보고 몰두해본 벽을 겪었기 때문이리라. 박제가는 이제는 이름만 남은 서위와 만나기를 간절히 열망하니, 비단 눈물 나게 그리운 사람의 마음이 아니겠는가.

술잔 들고 신필을 휘두르다

한국의 옛 화가들

나옹이 죽으니 세상의 풍류가 다하였다 _이정

천부 받은 신필 _김명국

천하명산에 죽다 _최북

음악 잘하는 술 취한 환쟁이 _김홍도

노란 눈동자에 딸기코 _장승업

나옹이 죽으니 세상의 풍류가 다하였다

이정 李楨 1578-1607

그림으로 이름난 집안에서 태어난 이정은

열세 살에 장안사 벽화를 그리는 등

일찍부터 재능을 보였으며 다양한 화풍을 구사하였다.

산수 감상을 좋아하는 정도가 귀가를 잊을 정도였고

그림을 그릴 때에는 늘 술에 취해 있었지만

정신만은 말짱하였다 한다.

그러나 술을 좋아하는 정도를 넘어

결국 술로 병을 얻어 죽음에 이르렀다.

서른 살의 젊은 나이에 타지인 평양에서 요절한 것이다.

대표작으로 『산수화첩』이 있다.

이정, 「산수도」, 종이에 수묵, 19.1×23.5cm, 17세기, 국립중앙박물관 소장

부처님 태몽을 꾸고
태어난 화가

어찌 문인뿐이랴. 동서고금을 막론하고 화가들도 술과 자연에 미친, 말하자면 술과 자연에 벽을 가진 기인들이 많았다. 서른의 젊디젊은 나이에 요절한, 천성이 게을렀던 모양인지 '게으른 늙은이'라는 뜻의 나옹懶翁이라는 호를 가진 화가가 떠오른다.

허균과 깊은 우정을 나눈 인물로도 잘 알려져 있는 이정은 조선 중기의 화단을 꽃피운 화가이다. 아버지가 이숭효李崇孝, 할아버지가 이배련李陪蓮, 증조부가 이소불李小佛인 이정의 가계는 모두 그림을 잘 그리기로 이름을 떨쳤다. 이런 집안에서 태어난 이정은 태몽부터 남달랐다. 그의 어머니는 금신나한金身羅

漢이 품으로 뛰어들면서 "너희 집 3대의 네 사람이 모두 부처님을 잘 그려, 그 그림이 수천 장이나 된다. 그래서 내가 부처님의 뜻을 받들어 너의 자식이 되어 보답하러 왔다"고 하는 태몽을 꾸었다 한다. 그래서인지 그는 절에 기거하면서 불화를 그리기도 했고, 불경에 심취하여 밥 먹는 것조차 잊어버리곤 했다고 한다. 그의 지기인 허균이 이정의 전기로 쓴 「이정애사李楨哀辭」에 있는 이야기다.

평양이라는 무릉도원에서 요절한 천재

본시 게으르고 술 마시기를 좋아하여 그림을 그릴 적에는 매양 술에 취하였으나 정신만은 끄떡없었다는 이정. 그러나 정미년 (1607년) 2월에 술로 병이 들어 평양에서 죽고 말았다. 그의 나이 겨우 서른이었다. 그는 왜 하고많은 곳 중에서 평양에서 죽었을까. 이와 관련하여 전해지는 일화가 있다.

어느 세도가의 정승이 이정에게 그림을 그려 달라고 청하였던가 보다. 아마도 화상畵像이 떠오를 때까지 시간이 좀 걸렸으리라. 그렇게 한참의 시간이 지나던 중, 이내 그는 그릴 것이 떠올랐는지 술을 마음껏 마시고 취한 후에 일어나서 거침없이 그림 한 폭을 그려나갔다. 벌건 대낮에 솟을대문 사이로 소 두 마리가 물건을 바리바리 싣고 들어가는데 그 뒤로 두 사람이 소를 모는 형상이 아닌가. 그런데 어찌된 영문인지 그림을 본 정승은 감탄은커녕 화가 나 씩씩거리며 도리어 이정을 죽이려 드는 게 아닌가. 세도가의 탐욕을 은근히 비웃는 그림의 뜻을 그 정승이 그만 알아챈 것이다. 어찌 하겠는가, 보잘것없는 화공의 신분이었으니 도망가는 수밖에……. 이 화를 피하려 도망간 곳이 바로 평양이었다.

도망치다 당도한 곳이었지만, 평소 산수에 벽이 있던 이정에게 평양은 흡사 무릉도원이나 다름없어 보였던가 보다. 그만 평양의 아름다운 산천에 반해서 아예 눌러앉아버렸다. 그 자신도 그리 일찌감치 세상과 안녕을 고하게 될지 몰랐을 터……. 그저 산천이 좋아 잠시 머물렀던 그곳에서 술로 병을 얻어 요절하게 될 줄이야……. 비록 병들어 고생하다 저세상으로 가긴 했지만, 그가 그토록 좋아하고 사모하였던 자연과 술 그리고 기생들이 함께 벗하였으니, 너무 이르게 접은 인생이지만 그나마 위안이 되었으리라. 그의 죽음을 두고, 사람들은 세상의 풍류가 다하였다고 탄식하였다.

노장사상을
삶과 예술의 바탕으로 삼다

한편 평양으로 가버린 지기를 그리워하며 사는 낙을 찾지 못하는 친구가 있었다. 우리나라 최초의 국문소설인 『홍길동전』을 지은 허균이었다. 허균은 이정보다 아홉 살이나 많았지만 이들은 신분과 나이를 떠나 진정한 우정을 나누는 사이였다. 이정이 죽은 뒤 허균은 지인에게서 한 통의 편지를 받는다.

"간밤 꿈에 이정을 만나보았소. 그가 하는 말이 죽음이 몹시 즐겁다고 하더군."

술과 아름다운 경치를 죽음과 맞바꿀 정도로 좋아한 이정은 좋은 산수를 보면 음미하고 바라보느라 집에 돌아가는 것을 잊곤 했다고 한다. 진정 주광하고 청광한 자의 습성에서 오는 몰입의 경지, 열정이 아닐까? 중국의 이태백이 주도酒道를 통해서 선禪의 경지를 얻으려 했던 것과 매우 유사하다. 또 위진魏晉의 죽림칠현이나 도연명陶淵明도 마찬가지였다. 모두 술을 통해서 노장사상의 허무적이고 낭만적인 인생관과 우주관에 근거를 둔, 술 석 잔이면 도道에 통하고 술 한 말이면 자연과 하나가 되는 "삼배통대도三杯通大道 일두합자연一斗合自然"의 도가 원리에 심

이정, 『산수화첩』 12면 중 1 · 4엽, 종이에 수묵, 각 19.1×23.5cm, 국립중앙박물관 소장

취한, 벽이 있는 이들이다. 이정은 어려서부터 산수·인물·불화를 매우 잘 그렸고 성격 또한 아주 호방했는데, 이 또한 이들과 상통하는 점이다. 불교와 도교에 심취했고 연경을 직접 다녀왔다는 사실, 그리고 그곳의 주지번朱之蕃(중국 외교관)에게 소개되었다는 등의 여러 정황을 볼 때, 그의 내면적 바탕이 되는 이러한 사상이 화풍 형성에 상당히 영향을 끼쳤으리라 여겨진다.

이정의 『산수화첩』에 수록돼 있는 그림들은 이와 같은 그의 의식세계가 잘 드러나는 작품이다. 지극히 일상적인 산수에 이정을 비롯한 많은 화가들이 그토록 광적으로 집착한 까닭은 무엇보다 자연의 본질이 창작에서 최고의 경지이며 또한 최상의 가치를 지닌 정신적인 본체였기 때문이다. 『산수화첩』은 전체적으로 호방하면서도 간략한 필치의 내면적 정서가 두드러져 보이는 화첩이다. 그 형체가 자세하고 정확하게 드러나지 않고, 대상물이 간략하게 묘사됨으로써 작가의 마음을 화면에 드러내는 것이다. 이것을 사의적寫意的 전신傳神이라고 한다.

이같은 사의적 전신은 자연과의 교감이나 문인화가들의 고전적인 의경意境을 통해 형성된 작가의 기운이나 생략된 형상을 통해 흉금을 표출하는 사의체寫意體나 간일체簡逸體로 나타난다.

이정, 「산수도」, 「산수화첩」 중 2엽, 국립중앙박물관 소장

『산수화첩』의 두 번째 그림인 「산수도」에서, 화폭의 왼편을 보면 커다란 절벽이 있다. 자세히 보면 그 가운데에 나무를 해서 돌아오는 사람이 자그마하게 그려져 있다. 자칫 보지 못하고 놓치기 십상이다. 또 근경의 언덕에 그려진 집 한 채가 쓸쓸한 여운을 풍긴다. 멀리 있는 잔잔한 수면은 붓으로 그렸다기보다는 그냥 옅은 먹물을 풀어놓은 듯 선염의 발묵적인 기법이 강하다. 겨우 수면과 하늘을 구분할 정도의 이 먹빛은 쓸쓸함과 소산한 느낌을 주고 어딘가 이국적으로 보이게 하는 포치까지 더해져 시적인 정서를 불러일으킨다.

세 번째 그림인 「한강조주도」는 「산수도」에 비해서 비교적 필이 가해진, 힘차고 조방한 필력이 구사돼 있다. 대상물을 아주 간략하게 묘사하면서 창작 주체의 내면과 정서를 일기逸氣 넘치는 필치로 표현했다. 원경은 거의 배경을 그리지 않은 듯이 담한 묵색으로 처리하고 근경은 아주 거친 붓으로 간략화하여 그림으로써 극적인 대조를 이루게 했다. 역시 품격 뛰어난 양식이 보이고 있음이 간취된다. 이와 같은 양식은 남송의 화

이정, 「한강조주도」, 「산수화첩」 중 3엽, 국립중앙박물관 소장

풍 중에서도 선화禪畵, 즉 망양화罔兩畵와 상통되는 면이다.

이정이 평양에 온 지 또 얼마 지나서인가, 마땅히 거처할 곳 없어 기생집에 얹혀 있었다. 처음엔 어여쁜 꽃밭에 묻혀 사는 재미가 제법 즐겁다 할 만했으나 시간이 지나니 산수만 못하였으니 다시 금강산으로 가리라 마음먹는다. 기거하는 동안 밥값이라도 할 요량으로 그림을 그려주니 다들 좋아하였다.

햇빛이 쏟아지는 방에 앉아 있다가 깜박 잠이 들어 꿈속에서 어머니를 뵈니 그만 정신이 번쩍 들어 깨었겠다. 불현듯 짐을 챙겨 그곳을 떠나 금강산으로 들어가 평소에 마음먹었던 유마힐거사나 방거사처럼 마음을 닦아 성품을 보존하는 불경을 외며 나머지 생을 마치겠다고 마음 먹는다.

그러나 다음 날 그는 일어나지 못했다. 술로 얻은 병이 온 몸으로 퍼진 때문이다. 평양의 선연동! 이정은 그곳 기생들의 공동묘지에 묻혔다고 「이정애사」에 전해진다.

그라면 이렇게 말하지 않았을까.

죽음이 차라리 몹시 즐겁네 그려! 다만 다 쓰러져 가는 초가에 햇빛이 넉넉한 날, 느긋이 누워서 책을 읽거나 담소하면서 술 마시던 그때가 몹시 그립구만!

천부 받은 신필

김명국 金明國 1600∼사망 연대 미상

조선 중기의 화가로,
도화서 화원교수를 지냈다.
일부를 제외하고 대부분의 작품은
절파 후기의 광태파(狂態派) 성향이 강한 작품을 남겼다.
거친 필치로 일필휘지한 듯한 작품의 그림을 그렸으며
후세에도 최고로 치는 달마도가 대표작으로 꼽힌다.
당시 신필이라 불릴 정도로 뛰어났던 김명국은
우리나라뿐 아니라 일본에서도 큰 인기를 누렸다.
술에 취해 신들린 퍼포먼스라도 하듯
그림을 그렸기에 이와 관련된 일화가 전해진다.

김명국, 「달마절로도강도」, 종이에 수묵, 97.6×48.2cm, 17세기 중엽

주광이라 불린
취옹

이따금씩 불교신문이나 달력 등에서 「달마도」를 보게 된다. 「달마도」는 집 안에 걸어놓고 마치 액을 물리치는 부적처럼 사용되곤 한다. 예부터 지금까지 많은 사람들이 셀 수 없을 만큼 「달마도」를 그려왔지만, 그중 가장 관심을 끄는 것은 단연 조선 중기의 화가 김명국의 「달마도」이다.

김명국은 화원교수를 지낸 사람으로 산수와 인물 등을 모두 잘 그렸지만 특히 이러한 선종화류의 달마도에 특출한 화가였다. 선종화는 우리나라보다 일본에서 더 인기가 있었는데, 김명국이 통신사의 수행화원 자격으로 일본에 갔을 때에는 그림

주문이 너무 많아서 잠을 잘 수 없을 정도였다고 한다.

술 취한 늙은이라는 뜻의 취옹醉翁의 호가 있지만 그보다는 주광酒狂이라 더 많이 불렸던 김명국. 이 같은 별칭에서 짐작할 수 있듯이 그는 술을 무진장 좋아하여 한 번에 두어 말씩 마시곤 했다고 한다.

술을 잘 마시는 사람치고 성격이 호방하지 아니한 사람이 없다고 하는데, 그 누구보다 김명국을 두고 한 말이 아닌가 싶다. 그는 사람됨이 대범하고 어디에도 얽매이지 아니하며 해학이 넘쳤다 한다. 조선 후기의 문신 남유용南有容이 쓴 전기「화사 김명국전」을 보면 그가 꽤 재치 있고 재미있는 사람이었다고 묘사돼 있다.

무위자연의 경지에 이른
취중 걸작

그의 걸작은 대개 취한 후에 그려진 것들이다. 그림을 그릴 때면 반드시 크게 취하였는데, 취기가 돈 후에 붓을 휘둘러야 더 분방하게 그려지고 뜻도 더욱 무르익은 때문이다. 그렇게 그려진 그림에는 신비한 기운마저 감돌았다(문헌에 이러한 일화가

김명국, 「달마도」, 종이에 수묵, 83×57cm, 1643년경, 국립중앙박물관 소장(중박 200806-186)

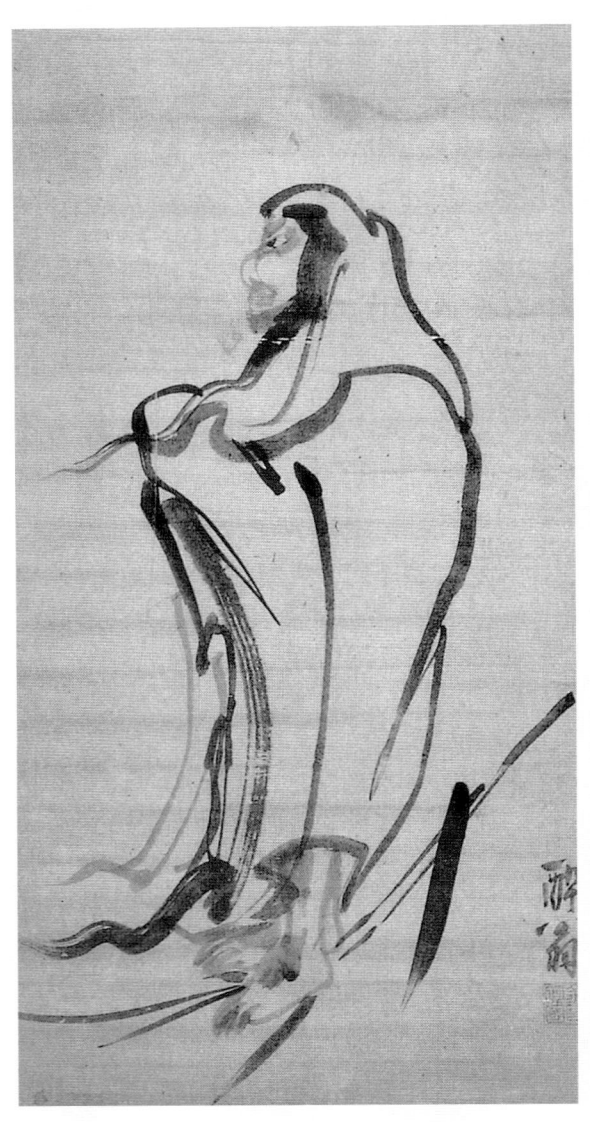

김명국, 「달마절로도강도(達磨折蘆渡江圖)」, 종이에 수묵, 97.6×48.2cm, 17세기 중엽

전해지긴 하지만 정확히 어떤 그림이 그렇다는지는 기록돼 있지 않다). 그래서 그의 집에 가서 그림을 구하려는 사람은 반드시 큰 술독을 지고 가야 했고, 사대부 가운데 그를 자기 집에 초대하는 자도 술을 많이 준비하여 놓고 그의 주량에 흡족하도록 마시게 한 다음이라야 그는 비로소 붓을 잡았다. 그러니 모두들 그를 주광이라 부르는 게다.

그가 본래 가지고 태어난 거침없이 자유분방하고 호쾌한 기질과 그를 논할 때 결코 빼놓을 수 없는 술에 광적으로 집착하는 음주벽은 그에게 창작의 원천이었을 뿐 아니라 기이한 창작 성향을 불러일으키는 중요한 요인으로 작용했다. 그에게서 술은 단순한 기호품이 아니라 세속적인 일상을 벗어나 흥취를 고양시키는 촉매였던 것이다. 이 또한 그 옛날의 풍류가 아니겠는가.

가만히 생각해보면 거나하게 취한 후 또 술을 들이켜 극도로 도취된 상태에서 화폭에 감흥을 표출한다면, 섬세하게 사실적으로 묘사하기보다 거친 필치로 간략하고 자유롭게 그릴 수밖에 없을 것 같다. 그렇다고 김명국이 사실적 묘사력이 떨어졌다는 말은 아니다. 그는 섬세하고 사실적인 그림에서도 매우 탁월한 재능을 보였다. 이를 입증할 만한 재미있는 일화가 전해진다.

　인조가 사랑하는 공주에게 주기 위해 노란 비단을 붙인 빗첩에 그림을 그리라고 명하였다. 김명국은 분명 빗첩에 그림을 그렸는데, 아무도 알아보지 못했다. 왕이 화가 나서 그를 벌하려 하자 김명국은 내일 아침이면 알 수 있다고 조아리면서도 내심 의기양양한 태도다. 아침이 되어서 드디어 공주가 머리를 빗으려 빗을 드니, 아니 빗 가에 이가 두 마리 붙어 있는 게 아닌가. 놀란 공주가 얼른 손톱으로 눌러 죽이려 했는데, 어찌된 영문인지 잘 죽질 않았다. 자세히 보니 오호! 그림이었던 게다. 이 일로 김명국은 유명인사가 되었다. 그런데 왜 아름다고 고귀한 공주의 머리빗에 굳이 이를 그렸을까 의아하다. 능구렁이 같은 그의 해학과 재치가 저지른 일이려니…….

　다시 아까 얘기로 돌아가 결론지으면, 술에 취한 상태에서는 계획한 대로 그림을 그리게 되지 않고 무의식적이고 즉흥적인 직관력, 바로 '무위자연'의 저절로 우러나오는 경지에 이르게 된다. 이러지 않고서는 사실 그 흉내조차도 불가능하다는 것이다. 바로 이 부분에서 김명국이 하늘로부터 받은 신필임을, 천재적인 화가일 수밖에 없는 당위성이 성립된다.

김명국, 「설경산수도」,
모시에 담채, 101.7×55cm, 17세기 중엽, 국립중앙박물관 소장

김명국처럼 천부 받은 손으로 마음의 지시에 따라 응함으로써
주음한 연후에 행해지는 기괴하고도 열정적인 창작 행위, 즉시
적이고 자발적인, 무위적인 창작을 하는 화가들이 또 있다. 당
나라의 오도자吳道子나 발묵을 창시한 왕묵王墨, 남송의 양해梁楷,
명나라의 오위吳偉 등이 그들이다.

　마치 요즘의 퍼포먼스 같은, 아니 그보다는 신바람이 나서
벌이는 무당의 굿판 같은 신명나는 열정과 좌중을 압도하는 카
리스마가 있다. 자고로 신이 나고 흥이 나서 하는 이러한 행위
는 에너지의 즉시적인 방출과 더불어 깊은 몰입을 요하는 집중
상태가 되어야만 할 수 있다. 남태응南泰膺의 『청죽화사聽竹畵史』
에 이런 일화가 실려 있다.

　김명국이 통신사를 따라 일본에 갔더니 온 나라가 물결 일 듯 떠들
썩하여 그의 그림이라면 조그만 종잇조각이라도 큰 구슬을 얻은 것
처럼 귀하게 여겼다. 한 왜인이 김명국의 그림을 얻기 위해 많은 돈
을 들여 잘 지은 세 칸 건물의 사방 벽을 주옥으로 장식하고 좋은

비단으로 바르고 천금을 사례비로 준비하고 그를 맞아 벽화를 그려 달라고 청탁하였다. 그러자 김명국은 술부터 찾았다. 실컷 마신 다음 취기에 의지하여 비로소 붓을 찾으니 왜인은 그림 그릴 때 쓰는 금가루 즙을 한 사발 내놓았다. 김명국은 그것을 받자 들이마셔 한 입 가득히 품고서 벽의 네 모퉁이에 뿜어서 다 비워 버렸다. 왜인은 깜짝 놀라 화가 나서 칼을 뽑아 죽일 것처럼 하였다. 그러자 김명국은 크게 웃으면서 붓을 잡고 벽에 뿌려진 금물가루로 그려가니 혹은 산수가 되고 혹은 인물이 되며, 깊고 얕음과 짙고 옅음의 구별이 형세와 손놀림에 따라 자연스럽게 이루어지는 것이 더욱 뛰어나고 더욱 기발하였으며, 붓놀림의 힘차고 살아 움직이는 것이 잠시도 머뭇거림 없이 순식간에 완성되었다. 작업이 끝나고 나니 아까 뿜어놓았던 금물가루의 흔적이 한 점도 남지 않고 울울한 가운데 생동하는 모습이 마치 신묘한 힘의 도움으로 된 것 같았다. 김명국 평생의 득의작이었다. 왜인은 놀랍고 기뻐서 머리를 조아리며 다만 몇 번이고 감사해할 따름이었다. 왜인은 이 건물을 잘 보호하여 나라의 볼 만한 구경거리로 삼으니 멀고 가까운 데서 소문을 듣고 다투어 모였다. 이것을 돈을 내고 볼 수 있게 하였더니 몇 년 안 되어 그 공사비는 다 빠지게 되었다. 그 왜인의 자손들은 지금도 잘 보존하고 있으며, 혹 훼손될까봐 기름막으로 덮어 보호하고 있다고 한다. 우리

사신이 가면 반드시 먼저 열어 보이면서 이것을 자랑거리로 삼는다고 한다.

참으로 호쾌하고 자랑스럽다. 이 일은 임진왜란으로 손상되었던 우리의 자존심을 보상받는, 문화적 우월성을 증명한 일로 오랫동안 회자되었다고 전해진다. 그러나 한편 일본에서의 높은 인기 때문에 김명국은 참으로 괴로웠던 모양이다. 그의 그림을 구하려는 일본인들의 극성을 견디다 못해 급기야 울음을 터뜨릴 뻔한 일까지 있었다고 하니, 유명세가 그리 좋지만은 않은가 보다.

또 하나, 술과 창작에 얽힌 흥미로운 일화가 있다. 그의 작품 「지옥도」에 관한 이야기이다.(정래교, 「화사 김명국전」)

지난날 영남지방의 승려 한 사람이 커다란 비단폭을 갖고 와서 「지옥도」를 그려줄 것을 부탁하면서 가는 삼베 수십 필을 예물로 내놓았다. 김명국은 이를 부인에게 주면서 자기가 몇 달간 실컷 마실 수 있게 술값으로 쓰도록 했다. 얼마 뒤 승려가 그림을 찾으러 다시 왔는데, 김명국은 "너는 다시 돌아가 내가 화의畵意가 일어날 때까지 기다려라"고 했다. 이와 같이 하기를 서너 차례 하였다.

어느 날 하루 통음을 하고 취하게 되었을 때 드디어 비단을 펴놓고 생각을 가다듬으면서 한참 동안 뚫어질 듯 바라보고 있다가 한 붓에 휘둘러 순식간에 그림을 다 그렸다. 화면 속 건물의 배치와 귀물鬼物들의 형상이 울울한 가운데 기운이 감돌았다. 그런데 거기에서 머리채를 잡혀 형장에 끌려가는 자, 불에 타는 자, 칼로 베이거나 절구에 짓이겨지는 형벌을 받고 있는 자들이 승려의 모습으로 되어 있었다. 주문했던 승려가 와서 보고는 깜짝 놀라 숨을 몰아쉬며 "아이구, 공公께서 어찌하여 우리의 불사를 망쳐 놓았습니까"라고 말했다. 김명국은 두 발을 쭉 뻗고 앉아 웃으면서 하는 말이 "너희들이 일생 동안 하는 악업이 혹세무민하는 일이니 지옥에 갈 자가 너희들이 아니고 누구겠느냐?"고 하였다. 승려는 얼굴을 찡그리면서, "공은 왜 우리들의 불사를 그르치려 합니까. 이것을 태워 없애고 예물로 준 삼베를 돌려주십시오" 하며 애원했다. 그러자 김명국은 웃으면서 "너희들이 이 그림을 완전한 것으로 하고 싶으면 술을 더 사오너라. 내가 너희들을 위해 고쳐주겠노라" 하였다. 이에 승려가 술을 사오자 김명국은 바라보고 웃으면서 잔에 가득 부어 마시고는 취기에 의지해 붓을 잡더니 깎은 머리에 머리털을 그려넣고, 수염이 없는 자에겐 수염을 그려넣고, 승복을 입은 자에게는 채색을 하여 그 빛깔을 바꾸어놓았다. 이 모든 작업이 잠깐 사이에 이루어졌으며 화면은 더욱 새롭고 고친 흔적도 보이지 않았다. 그림을 마치자 붓을 던지고서 다시 크게 웃으면서 한 잔 가득 부어 또 마셨다. 승려들이 둘러앉아 보고는 기이함에 감탄하면서 "공은 정말 천하의 신필입니다"라며 절을 하고 감사해 하면서 떠났다. 그 그림은 지금도 남아 있으며 불교계의 보물이 되었다고 한다.

승려들을 조롱하는 듯한 풍자와 해학이 있는 일화다. 하지만 아무래도 술에 얽힌 김명국의 기괴한 행동과 창작 성향 등을 생동감 있게 묘사하기 위해 조금 과장되게 표현한 듯하다. 그렇다 해도 유별나고 개성적인, 어찌 보면 비정상적이기도 한 그의 기행적인 삶과 창작 성향은 술에 광적으로 집착하는 벽에서 비롯되었다. 그리고 그 벽이 에너지가 되어 지금까지도 회자되고 인기를 끄는 예술작품이 탄생될 수 있었으리라……

천하명산에서 죽다

최북
|崔北 | 1712~86 추정

조선 후기의 화가로, 산수화와 인물화에 능했다.
여러 가지 기행으로 유명했는데,
스스로 눈을 찔러 한쪽 눈이 멀어 반안경을 쓰고 다녔다.
그림을 팔아야 먹고살 수 있을 정도로 빈한했으나
열흘을 굶더라도 술을 마셔야 직성이 풀리는
음주벽을 가지고 있었다.
천하명인은 천하명산에서 죽어야 한다며
금강산 유람길에서 못에 뛰어들기도 했던 청광한 자였다.
그림뿐만 아니라 글씨와 시도 천재적인 인물이었다.
주요 작품으로 「공산무인도」, 「추경산수도」,
「풍설야귀도」 등이 있다.

최북, 「풍설야귀인도」, 종이에 수묵담채, 66.3×42.9cm, 18세기, 개인 소장

살림까지 모두 팔아
마신 술

최북이 하루는 집 안에 있는 무엇을 술로 바꾸어 마실까 궁리하고 있는데, 마침 저잣거리의 술집 아이가 술병을 들고 지나가니 마음이 급해진다. 집에 있는 책들과 종이·천 등, 돈이 될 만한 것들을 다 털어서 주니 비로소 주군酒君과 벗할 수 있게 되었다.

늘 술을 대여섯 되씩이나 마시는 음주벽을 가졌던 최북은 술값을 마련하기 위해서라면 그림을 그려 팔기를 서슴대지 않았다. 말년에는 가난이 뼈에 사무칠 정도였다. 머리가 하얘질 지경에 이르러 장안에서 기예를 팔았지만 살림은 더 궁핍해져갔다. 최북의 지나치게 무절제하고 소모적이었던 음주벽 탓이라는 게 항간의 소문이었다. 그도 얼마간 맞는 이야기이겠지만, 당시 한양의 4만 8천 가구 중 1만 호가 입을 것도 먹을 것도 없는 절대적인 빈곤의 상태였으니, 그때의 사회 여건도 무시할 수 없었으리라.

그림 한 폭을 팔아 열흘 동안 굶은 채 오로지 술만 마셨다. 그는 왜 그토록 무모한 음주벽을 품었을까. 박제가는 말한다. 그가 아마도 자식이 없었던 까닭이 아니겠는가라고. 후사가 없다는 것이 삶의 목적을 잃게 하였을 정도로 치명적 원인이었을까? 당대에 이름을 날리던 시인 신광수申光洙의 시 「여강록驪江錄」(『석북문집』 권6)을 보자.

한양에서 그림 파는 최북,

오막살이 신세에 네 벽 모두 텅 비었네.

유리안경과 나무필통 옆에 두고

하루 종일 문 닫고 산수화 그려,

아침에 한 폭 팔아 아침끼니 때우고

저녁에 한 폭 팔아 저녁끼니 때우네.

추운 날씨에 손님은 떨어진 방석 위에 앉아 있고,

문 앞 작은 다리에는 눈이 세 치나 쌓여 있군.

여보게, 내가 한양 오면서 본

그림 같은 설강풍경 좀 그려주소.

(하략)

나이가 50대에 이른 최북의 초라한 서울살이 모습을 그려낸 시다. 그림을 열심히 그려야 겨우 입에 풀칠할 수 있는 곤궁함이 엿보인다. 최북의 삶은 빈한하기 그지없었다.

외로움에

술을 벗 삼아

생활은 빈곤했을지언정 최북은 당대에 상류층이라 하는 저명한 문인들과 교유하며 지냈다. 그런데 술에 취하면 안하무인이 되어 욕을 해댔다. 뿐만 아니라 동료들을 만나면 자기가 최고라고 떠들어댔다. 그 오만함과 거만함 때문에 최북은 더 외로웠을 것이다.

칠칠은 성품이 오만하여 남의 비위를 맞추지 않았다. (남공철南公轍, 「최칠칠전崔七七傳」)

최북의 성품은 칼끝이나 불꽃과 같아서 조금이라도 자기 뜻에 거슬리면 꼭 욕을 보이곤 하여 사람들은 모두 그것이 망령된 독이어서 고칠 수 없는 것이라고 하였다. (이규상李奎象, 『일몽고一夢稿』)

최북은 사람됨이 괄괄하고 남들이 탓해도 아랑곳하지 않았으며, 사소한 예절에 얽매이지 않았다. (조희룡趙熙龍, 『호산외기壺山外記』)

보통 사람들이 생각할 때 최북은 그다지 온화하거나 너그러운, 원만한 성격의 소유자는 아니었던 모양이다. 그러나 개성이 짙은 작가인 그의 기질은 자유로운 성정으로 비춰지기도 한다.

성격이 이러하니, 그에게 술은 이래저래 최고의 지기지우가 아니었을까 싶다. 슬프고 우울할 때나 즐겁고 기쁠 때에도, 또 욕하고 멸시하며 오만하게 굴어도 언제나 만나주고 대작해주니 어찌 이런 벗을 날마다 만나지 않을 수 있으랴. 이는 자의식이 너무 강한 나머지 자기 정체성을 상실해버린 한 인간의 절망적인 자기 방어가 아니었을까? 생각이 여기에 머무니 측은히 느껴진다. 급기야 어떤 이들은 이런 그를 두고 미치광이라고 놀리며 헐뜯기까지 했다 하지 않는가.

최북은 대체 어떤 마음으로 그리도 술을 곁에 두고 살았던 걸까. 술을 벗 삼아 살던 그는 이런 생각을 가지고 있었을 것 같다. 박지원이 벗에 대해 쓴 글 「여인與人」(『연암집』)이다.

아아! 슬프다. 나는 일찍이 벗을 잃은 슬픔이 아내를 잃은 아픔보다 심하다고 말한 적이 있다. 아내를 잃은 자는 오히려 두 번, 세 번 장가들어 아내의 성씨를 몇 가지로 하더라도 안 될 것이 없다. 이는 마치 옷이 터지고 찢어지면 깁거나 꿰매고, 그릇과 세간이 깨지거나 부서지면 새것으로 바꾸는 것과 같다. 혹 뒤에 얻은 아내가 앞서의 아내보다 나은 경우도 있고, 혹 나는 비록 늙었어도 저는 어려, 그 편안한 즐거움은 새 사람과 옛 사람 사이의 차이가 없다. 벗을 잃는 아픔 같은 것에 이르러서는, 다행히 내게 눈이 있다 해도 누구와 더불어서 함께 보며, 귀가 있다 해도 누구와 더불어서 함께 들으며, 입이 있다 해도 누구와 더불어서 함께 맛보며, 코가 있어도 누구와 더불어서 함께 냄새 맡으며, 내게 마음이 있다 해도 장차 누구와 더불어서 나의 지혜와 깨달음을 함께하겠는가?

최북은 말년에 남의 집에서 기식할 정도로 형편이 어려웠고, 급기야 어느 눈 오는 날 동사하고 말았다. 하지만 젊은 시절에는 여행을 좋아하여 산수 유람도 꽤나 하며 낭만적으로 살았다. 30대 무렵인가 금강산 구룡연으로 동료 문인들과 유람을 갔을 때였다. 남공철이 「최칠칠전」에 남긴 일화이다.

> 최북은 술을 좋아하고 유람을 즐겼는데, 언젠가 금강산 구룡연에 갔다가 절경에 마음이 즐거워 술을 마시고 잔뜩 취해서 울고 웃다 하더니, 큰 소리로 "천하명인 최북은 마땅히 천하명산에서 죽어야 한다"고 외치며 몸을 날려 못으로 뛰어내렸다. 마침 곁에 구해주는 사람이 있어서 빠져 죽는 것을 면했는데, 사람들이 떠메고 산 아래 넓은 바위 위에 내려놓자 숨이 가빠 헐떡거리며 누워 있다가 갑자기 일어나 길게 휘파람을 부니, 그 소리가 수풀을 진동하여 숲 속에 있던 새들이 푸드득 소리를 내며 모두 날아가버렸다.

자기 자신을 천하명인이라고 말할 수 있을 정도로 자존의식이 강했음을 알 수 있는 대목이다. 명산의 절경에 도취하고 거기에 술을 더해 감정이 더 고조되어 몸을 날려 투신하려 했던 행동에서 다소 과격하지만 낭만적 풍류가 묻어난다. 중국의 주중선酒中仙 이백이 만취한 상태로 뱃놀이를 하다 물에 비친 달을 잡으려고 물속으로 뛰어들어 죽었다는 과격한 풍류를 연상시킨다.

옛 문인이나 화가들에게 명산의 절경은 하나의 이상적인 삶의 목표이자 최고의 가치를 지닌 것이었다. 그들은 자연과 하나가 되는 것에 삶의 가치를 두었다. 이는 자연을 정신적이고 심미적인 지고의 대상으로 삼아 이를 통해 창조적인 역량을 발휘하고자 한 초속적인 삶의 자세였다.

최북은 여항 출신 직업화가로 양반의 상류층은 아니었지만 상류층 인사들과 시서화를 논하고 교류하였다. 그의 의식세계가 이런 기반으로 형성되었다 하지만 사실 그의 파격적이고 일탈적인 행위를 당시 사람들로서는 받아들이기가 쉽지 않았다. 그래서 그가 미쳤다고 여겨 광생狂生으로 부르기도 했다. 그의 그림은 강세황·심사정·정선 다음으로 논하여졌고 글씨는 초서草書와 반행半行으로 이름이 높았으며 시에서도 뛰어나 문집에도 수록되었을 정도였다. 출신이 미천하였음에도 그가 그토록

자만심에 차고 오만하게 굴었던 것은 아마도 자신의 이러한 재능을 알았기 때문이 아니었을까 추측된다.

그는 키가 몹시 작고 왜소한 몸집의 소유자였다고 하고, 사람됨이 괄괄하고 남들이 탓해도 아랑곳하지 않았으며 사소한 예절에 얽매이지 않고 자유로운 생활을 추구하는, 그리고 일화에서 짐작할 수 있듯이 감정도 지나치리만큼 격하고 거침없이 방달하며 급하고 까칠한 성미였다. 이러한 성격의 소유자가 술까지 즐겼으니 자존감은 더욱 고조되었을 게다. 또한 그의 풍류의식 대로라면 절대적으로 자유로운 삶을 추구하지 않았을까? 한 일면이기는 하지만 말이다.

문인적 여운이 배어나는 파격적 그림

그의 작품에서는 삶이 어떻게 그려지고 있을까.

「공산무인도空山無人圖」를 보자. 자연을 어떤 위화감이 없는 자신만의 이상적인 낙원으로 인식하고 그린 듯하다. 이상하리만치 조용하고 선禪적인 공기가 흐른다. 그러면서 요즘의 현대적인 풍경을 그린 듯한 느낌까지 든다. 어딘가 화법의 규칙이 없

최북, 「공산무인도」, 종이에 수묵, 33.5×38.5cm, 1791

최북, 「풍설야귀인도」, 종이에 수묵 담채, 66.3×42.9cm, 18세기 후반

는 듯 정통에서 벗어나 있어서 일탈적이고 또 파격적이다. 마치 시를 읽는 듯 문자의 향이 배어 있어 그가 추구하는 문인적 여운이 짙게 배어난다.

그림에 표현된 나무의 필세나 숲의 발묵적인 표현은 화면 안에서 조용하고 평화롭게 호흡할 수 있도록 선염되어 있다. 아마도 이것은 최북의 창작세계가 시서화의 토대 위에서 문인 취향의 초속적超俗的이고 친자연적인 소재를 즐겨 다루는 남종문인화풍의 일격逸格적인 정신에 있기 때문이라 생각된다. 따라서 「공산무인도」의 시적인 정서의 묘한 울림은 그의 문인적 취향에서 기인한 것으로 보인다.

「풍설야귀인도風雪夜歸人圖」는 문인화 중에서도 산수인물화 계열의 작품인데, 주제로 삼은 고사高士나 어부·초부 등은 세속과 거리가 먼 인물들이다. 눈보라가 치는 날 밤에 돌아오는 사람을 그린 이 작품에서 힘 있고 거친 필력으로 그려진, 바람이 부는 대로 휜 나무가 눈에 띈다. 그의 거칠고 분방한 성격을 보는 듯하다. 붓의 필력보다는 묵면에 의해 선염되었고 배경의 산이나 바위는 준법이 아닌 발묵적 처리 위에 약간의 필을 가한 정도로 표현되었다. 문인들이 추구하고자 했던 친자연주의적인 주제의식이 광일한 일격풍으로 그려진 것을 볼 수 있다.

비슷한 성격의 「한강독조도漢江獨釣圖」 「수하담소도樹下談笑圖」도 산수인물화 계열의 작품으로, 산수를 처사적인 삶의 터전으로 인식한 초속의식이 담겨져 있다.

혹독한 가난 때문에 그날도 겨우 그림 한 폭 팔아서 그의 벗과 만났으리라. 그는 열흘 동안 먹지도 않고 굶은 채 술만 마셨다 한다. 그렇게 마시다가 그의 그림 「풍설야귀인도」처럼 1786년 겨울 어느 때인가, 소리 없이 눈 내리고 아마도 춥게 떠는 시린 달이 그를 따라 오락가락 하였을 눈 오는 날에, 술에 만취한 상태로 집으로 돌아오던 중 그만 쓰러져 일어나지 못하니, 아아! 처량하고 처량하다.

음악 잘하는 술 취한 환쟁이

김홍도 金弘道 1745 / 사망 연대 미상

조선 영정조 때의 화가로 풍속화로 후세까지도
조선을 대표하는 화가로 칭송받는다.

천부적인 재능을 인정받아 중인의 신분이었지만
종육품 외직 문관벼슬에 오르기도 했다.

거의 모든 분야의 그림에서 뛰어났으며
자신만의 개성 넘치는 그림으로 새로운 경지를 개척했다.

그림뿐만 아니라 거문고와 피리 등의 연주 실력도 뛰어난,
진정 풍류를 즐길 줄 아는 인물이었다.

술을 좋아해 취화사라 불렸을 뿐 아니라
일상적인 삶을 자연과 어우러져 살아갔다.

김홍도, 「오원아집도(悟園雅集圖)」, 규격·소장처 미상

매화와 술, 풍류벽을 가진 환쟁이

어떤 사람이 매화 한 그루를 팔러 왔는데, 어허 아주 묘하게 생겼겠다! 매화에 벽이 있던 단원 김홍도는 내심 갖고 싶어 안달이 났지만 돈이 없으니 살 수가 없었다. 매화장수가 눈치 챌까 요리조리 살피는 단원. 매화 보랴 매화장수 보랴 어지간히 힘이 들 무렵, 때마침 어떤 사람이 와서 그림을 그려 달라며 돈 3천 냥을 내놓고 간다. 쾌재를 불렀으리라. 기분이 좋아진 단원은 당장 2천 냥을 주고 매화를 샀다. 그리고 8백 냥으로 술 두어 말을 사서 친구들을 불러 모아놓고 매화 잔치를 벌이고 나니 2백 냥이 남았다. 남은 돈으로 쌀과 나물을 사니 하루 쓸 것밖에 안 되었다. 허허허…… 그 호탕하고 구애됨이 없는 것이 이와 같았으니.

우봉 조희룡이 쓴 『호산외사』에 나오는 '매화음梅花飮' 이야기이다. 김홍도는 술과 풍류를 아주 좋아하는, 이 이야기에 나오듯이 꽤 낭만적인 인물이었다. 그리고 어디에 구속되고 법식에 얽매이는 것을 싫어하는 성격이었다. 낮은 신분(중인), 즉 비천하고 미미한 환쟁이였지만 천부적인 그림 솜씨 덕분에 정조에게 아낌과 사랑을 받은 천재 화가였다.

김홍도는 정조의 어진을 그린 일로 종육품 외직 문관의 벼슬인 찰방察訪에 제수되었다. 찰방을 지내면서 현직의 고위 관리들과 '환쟁이'가 아닌 당당한 지방관의 일원으로 어울렸는데, 그림뿐만 아니라 음악을 잘하는 수준 높은 풍류로 그들을 압도했다. 꽃 피고 달 밝은 밤이면 거문고와 피리로 청아한 곡조를 연주하며 낭만을 즐긴 단원은 세속을 초월한 인품을 지닌 인물이었다.

김홍도는 일면 음악에 통하여 그의 거문고와 피리를 연주하는 솜씨가 매우 절묘했다 한다. 풍류도 호탕하여서 칼을 치면서 슬픈 노래를 부르는 생각을 하고는 더러 비장하게 눈물을 흘린 적도 있었다. 이는 김홍도의 심정을 아는 사람이나 이해할 수 있는 일화다. 들으니까 그가 거처하는 곳은 늘 책상이 깨끗이 정돈되어 있고 뜰과 계단이 하도 조촐하여 그 집 안을 둘러보면 곧 속세에서 벗어나는 듯했다 한다. 저속하고 옹졸한 사람도 겉으로 김홍도와 어깨를 치며 너나들이했지만, 그들이 진정 단원이 어떤 인물인지 어찌 알 수 있었을까.

문인적 삶과
문기 풍기는 그림

김홍도의 찰방 생활은 호사스럽지는 않았지만 참 즐겁고 행복했을 것 같다. 그곳에서 문인들과 어울리며 좌중의 분위기를 술과 그림, 음악으로 압도하면서 자신감이 넘쳤다. 이 같은 삶은 그의 그림에 그대로 배어난다. 단순히 남종문인화풍을 배웠기 때문에 그의 그림에서 사대부적인 문기文氣가 풍긴다고 볼 수만은 없다. 유추컨대 바로 그의 삶 자체가 문인의 생활에 익어 있었기 때문으로 보인다.

김홍도는 삶과 그림이 하나가 되는 삶을 살았다. 삶이 그림이요 그림이 삶인 그를 잘 보여주는 「단원도」라는 그림을 보자. 제목에서 알 수 있듯이 그 자신의 집이 배경이다. 집이 곧

김홍도, 「단원도」, 종이에 담채, 135×78.5cm, 1784

자연이고 자연이 그대로 집인 듯 둘러쳐진 산과 그 아래 바위가 담처럼 마당에 자리하고 있어서 마치 아름다운 산수화를 보는 듯하다. 정말 근사하고 운치 있다. 참으로 단출한 초가집이 보인다. 이런 풍광에 초가가 아닌 기와집이 있었다면 어울렸을까? 마당에 있는 소박하기 그지없는 연못에선 김홍도의 예스럽고 고상한 풍취가 느껴진다. 세 명의 선비가 앉아 있고 그 옆에 시중드는 아이가 있다. 차림새나 생김새가 전형적인 조선의 선비 모습이다. 거문고를 연주하고 있는 인물이 김홍도다. 따뜻한 바람에 실린 가락에 취해서 몰입하고 있는 분위기가 좌중을 압도하고 있는 듯하다.

이 그림은 김홍도가 서른일곱 살이던 때의 일을 마흔 살에 그린 것인데, 그 정황이 그림 윗부분 제발題跋에 씌어 있다.

창해옹滄海翁께서 북으로 백두산에 올라 변경까지 다다랐다가 동편 금강산에서부터 누추한 단원(김홍도의 집)으로 나를 찾아주셨으니, 때는 신축년 청화절淸和節(1781년 4월 1일)이었다. 뜰의 나무엔 햇볕이 따스하고 바야흐로 만물이 화창한 봄날에 나는 거문고를 타고, 담졸澹拙 강희언姜熙彦은 술잔을 권하고, 창해옹께서는 모임의 어른이 되시니 이렇게 진솔회眞率會를 가졌도다……

잠 잘 시간도 없이 바빴던 칩취옹

김홍도는 스무살 때부터 화명을 날려 하늘이 내려준 신필이라 불렸다. 삼십 대에 이르러서는 그 이름이 하늘 높은 줄 몰랐고 그림 주문이 쇄도해서 잠잘 시간도 없었던 모양이다.

세속이 김홍도의 뛰어난 기량에 감탄을 금치 못하고 요새 다른 사람들이 미치지 못함을 탄식하였다. 이에 그림을 구하는 자가 날마다 무리를 지으니 비단이 더미를 이루고 찾아오는 사람이 문을 가득 메워 잠자고 먹을 시간도 없을 지경이었다.

김홍도의 스승이자 벗이었던 강세황姜世晃이 쓴 「단원기」의 글이다. 이 글을 읽고 있자니 문득 먼 나라 일본에서 잠 못 자고 괴로워하며 그림만 그렸던 김명국이 생각난다.

이렇듯 '잠자고 먹을 시간도 없을 지경'이었던 삼십 대의 김홍도는 주로 어떤 그림을 그리고 있었을까? 신필답게 모든 화목을 잘 그렸지만 이 시절엔 신선도를 적잖이 그렸다. 그중 하나인 「해상군선도海上群仙圖」에 대한 흥미로운 일화가 전해진다.

김홍도, 「해상군선도」 부분(8곡병), 종이에 수묵담채, 1776

일찍이 회칠을 한 벽에 해상군선海上群仙을 그리게 했는데 궁중의 일꾼으로 하여금 진한 먹 두어 되를 받들게 하고는 모자를 벗어놓고 옷을 걷어 올리고 일어선 채로 붓을 비바람 몰아치듯 휘둘러서 두어 시간도 채 못 되어 그림을 완성하였다. 도도히 흐르는 물은 파도를 치면서 언덕을 무너뜨릴 것 같았고, 사람은 훌훌 뛰어서 구름을 타고 올라가는 것 같아서 옛날의 대동전大同殿 벽화가 더 나을 것이 없었다.

조희룡이 쓴 『호산외사』에 실린 이 글에 김홍도의 매우 호탕하고 방달했던 일면이 묘사돼 있다. 그가 그림을 그리는 행위가 술을 마신 후 광풍의 화가들에서 보이는 발묵적인 제작태도와 매우 유사한 점이 흥미롭다. 이러한 태도는 기질적으로 방달하고 얽매이지 않는 성격을 소유한 자와, 또 취음하는 자들의 공통적 특징이었다.

김홍도가 이와 같은 태도로 그림을 그린다는 것은 그 또한 이러한 성향이기 때문이 아니겠는가. '단원' 외에 또다른 그의 호가 '술에 취한 환쟁이'라는 뜻의 '취화사醉畵士'였다는 점도 이를 뒷받침한다.

김홍도, 「구룡폭」, 종이에 수묵담채, 29×42cm, 18세기 말~19세기 초

40대부터 50대에 그린 수묵화를 보면 이러한 성향이 표현된, 간략하고 거친 듯 조방한 필체들이 자유자재로 구사된 작품이 많다. 물론 김홍도만이 가진 필의 독특함은 살아 있다. 오십 대 중반에 그려진 「구룡폭」이 대표적이다. 평양 조선박물관에 소장되어 있는 이 그림은 빠른 속필의 이른바 '단원준법'으로 그려졌다. 바위 주름을 시원스럽게 죽죽 내리그은 붓놀림이 다소 과장된 듯하지만, 그래서인지 구애됨이 없어 보인다.

중국 당나라 시인 두보杜甫의 시 「음중팔선가」의 첫 구절을 쓰고 그중 한 사람인 하지장을 그린 「지장기마도知章騎馬圖」라는 그림이 있다. 먹의 맛보다는 필선의 묘미를 살리면서 간명하게 대상을 포치한, 아마도 몇 번의 붓질만으로 작품을 완성한 듯한 그림이다.

당나라의 화가 오도자처럼 필선이 조방하고 간략하다. 가만 보면 글씨에도 취기가 도는 듯하다. 특히 옷의 필선에서 (30대에 그려진 신선의 필선과 비교해 보면) 꾸미지 않은 자연스러움과 원숙미가 난다.

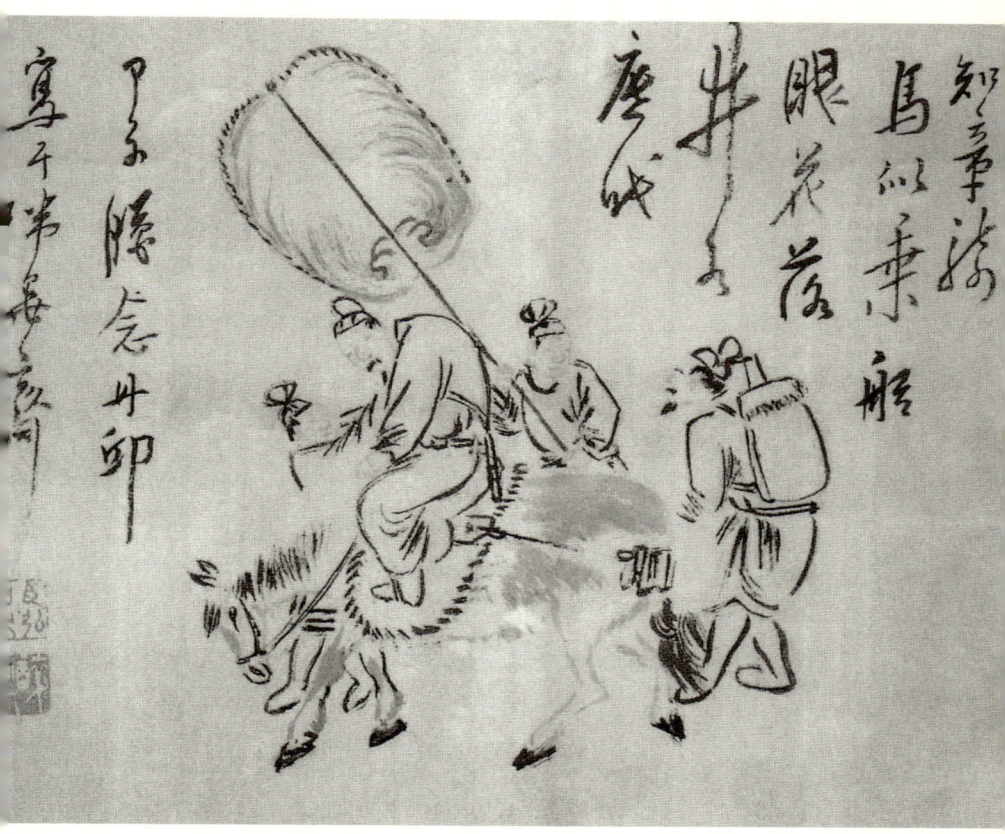

김홍도, 「지장기마도」, 종이에 수묵 담채, 25.8×35.9cm, 1804

일 년 중에 노는 날이 따로 있나. 한세상 살면서 함께 놀아서 아니 될 사람이 따로 있는 것도 아닌데, 그날 문득 마음 맞는 사람과 무성한 숲에 맑은 물 흐르며 그윽하면서도 널찍한 곳, 이 세 가지가 적당하게 갖추어진 곳에 가서 놀이를 해보세.

술독과 술잔이 어지러이 벌려 있고 지은 시문이 점점 쌓일 때, 그때 누군가 둥기둥 거문고 타니 주흥이 더욱 붉어지고, 술이 반쯤 오른 김홍도 감흥이 솟구치니 새 하얀 종이 위에 이 새 저 새, 꽃과 나비를 그리는구나.

이것이 아회雅會의 풍경이로세.

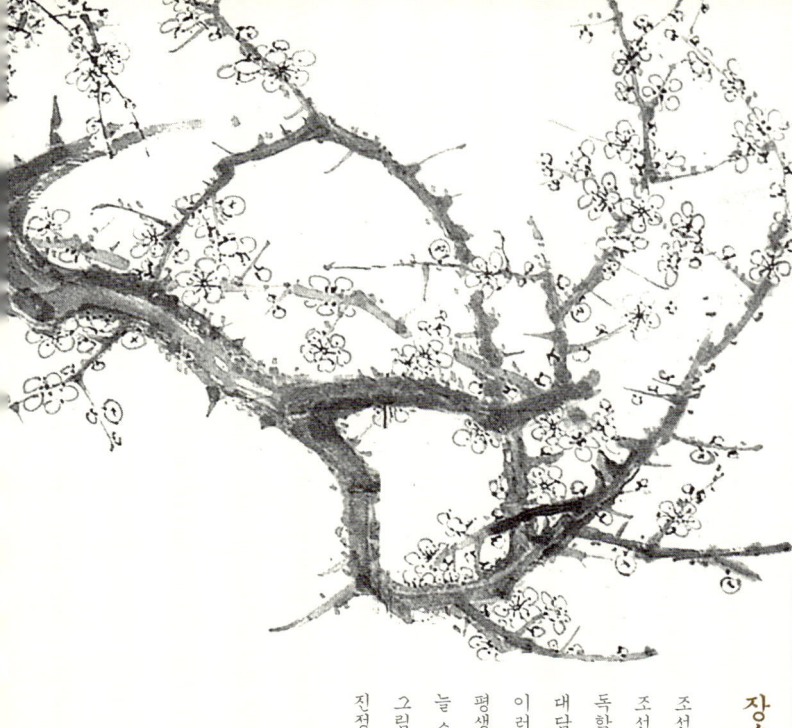

노란 눈동자에 딸기코

장승업 張承業 1843∼1897

조선 후기의 화가로 안견, 김홍도와 더불어
조선 화단의 3대 거장으로 불린다.

독학으로 그림을 익혔으며 호방한 필치로
대담하면서도 소탈한 맛이 풍기는 그림을 그렸다.

이러한 천재적인 그림 실력뿐만 아니라
평생 독신으로 살며 벌인 기행으로 사실 더 유명하다.

늘 술에 취해 있었을 뿐 아니라
그림 또한 술에 취한 채 웃옷을 벗어던지며 그리는 등
진정 주광한 예술가였다.

장승업, 「홍백매 병풍」의 부분, 종이에 담채, 90×433.5cm (전체), 조선시대, 호암미술관 소장

가슴이 뜨거워
옷을 벗어던진 화가

영화 「취화선」 덕에 대중적으로 잘 알려진 오원 장승업. 영화에서 장승업으로 분한 최민식은 술을 마시고 나서 한껏 감흥에 차올라 옷고름을 풀어헤치고 미친 듯이 날뛰며 그림을 그리는 파탈적인 기행을 보였다. 우리는 보았을까. 그의 요란한 광기 속에 순간 숨을 멈춘 채 희디흰 구름 위를 자유롭게 날아다니며 분출되는 붓질의 무섭도록 놀라운 집중을…….

  기괴한 성격의 소유자인 장승업은 극적인 삶을 살고 간 개화기 최고의 천재 화가로 꼽힌다. 동시에 술에 취하지 않고서는 그림을 그리지 않았던 주광酒狂했던 사람이다. 일자무식일 뿐 아니라 배우지 않고도 명화를 모방하는 식의 독학을 통해 홀로 경지에 오른 그의 천재성은 내부로부터 분출되는 광기가 절정에 다다르고 열정이 넘치는, 그림을 그리는 순간 터진다.

　대중적으로 많이 알려졌다 하지만 장승업의 작품을 기억하는 사람보다는 그의 기행만을 기억하는 사람이 많은 게 사실이다. 그만큼 장승업은 기이한 행동을 하며 그림을 그렸다. 가장 대표적으로, 술에 크게 취한 후에야 그림을 그리곤 했는데 거기에 더해서 옷까지 벗어던지고 그림을 그렸다 한다. 생각해보면 창작의 욕구를 술로 달구고 또 뜨거워진 욕구를 술로 달래기도 하면서 고조된 감흥을 붓에 고스란히 전달시킨 것이 아닐까 싶다. 장승업처럼 광기가 서린 천재적인 화가들은 괴팍한 성격의 소유자들인 경우가 많은데, 이는 그만큼 자기 내부로부터의 울림이 스스로도 견디기 어려웠기 때문일 것이다.

술에 미친
화가가 벌인 기행

술에 미치고 분방한 성격을 가진 때문에 한번은 이런 일이 있었다. 그를 대궐로 불러들여 병풍을 그리게 했다. 몇 날 며칠을 대궐에 있자니 술이 미치도록 마시고 싶어지지 않았겠는가. 급기야 눈앞에 술병이 동동 떠다니는 허상까지 보일 지경에 이르렀고, 뒷일은 에라 모르겠다, 오직 술을 마시고 싶은 강렬한 욕구뿐이었겠다! 이내 술에 갈증을 참지 못하고 채색도구를 산다는 핑계로 대궐에서 도망을 나왔다. 그길로 냉큼 주막집으로 가서 술병째 들고 벌컥벌컥 들이키며 캬, 이 맛이로세! 그러나 그 맛이 얼마나 갔겠는가. 이 일로 임금의 노를 사게 되었는데, 다행히도 민영환閔泳煥이 자기 집에서 그림을 그리게 하겠다 하여 겨우 화를 면한 모양이다. 민영환은 장승업에게 술을 내주고 그림을 그리게 했다. 그런데 이번엔 아무리 그 안에서 술을 퍼 마시고 미치광이 짓을 해도 그림이 그려지지 않을뿐더러 도통 재미도 없었다. 급기야 모두가 잠든 틈을 타서 야반도주하고 잡혀오기를 여러 번……. 끝내는 그림을 완성하지 못했다.

자유분방하고 얽매이기 싫어했던 그의 성격으로 보아서 그곳은 마음의 흥이 일지 않는 갇힌 곳이었던 게 아닐까 싶다. 혹자는 술 따르는 여자가 없었기 때문이라고 말하기도 하지만 진정 몸과 마음이 함께 자유로워야 손도 순응하지 않겠는가. 술 따르는 여자가 없어서라는 주장은 그다지 신뢰 가지 않는 얘기다.

그와 동시대를 산 오세창은 그에 대해 이렇게 전한다. 장승업의 방일한 성격은 그 정도가 아주 심해서 어디에고 얽매이는 것을 싫어했고, 술을 너무 좋아해서 거리끼는 것이 없었다. 마치 중요한 날을 받아 제상을 차려놓고 제를 올리는 것 마냥 가는 곳마다 술상을 차려놓고서 그림을 그려 달라 하면 당장에 옷을 벗는다. 그러고는 책상다리를 하고 앉아서 절지折枝와 기명器皿을 그려주었다는 것이다.

그의 그림에서 무엇을 보아야 할까. 또 천재성에서 나오는 광기와 열정이 과장되고 왜곡된 그림들로 표현되면서 느껴지는 강렬함은 무엇 때문인가.

장승업이 전통과 다른 이유

이규보부터 김홍도까지 다룬 앞의 글들에서는 공통적으로 시서화니 풍류니 하면서, 산수화를 거론해도 그 안에서 문인들의 서권기나 문자향을 중시한 간담소산簡淡疏散한 문사적 교양을 찾았다. 그런데 장승업은 전통이라면 전통이라고 할 수 있는 이러한 정형화된 화법을 벗어던지는 과단성을 보였다. 자신만의 새로운 양식을 추구하여 기존 화가들의 작품세계와는 다른 작품성을 선보였다.

말하자면 장승업이 새로운 이유는 문인화적이지 않고, 교양을 중시하지 않았기 때문이다. 그렇기에 그의 작품이 또 다른 충격과 감동을 주는 것이다. 산수를 유람하며 자연에 몰입한 이전의 예술가들이 노래하고 그린 작품이 수기적이고 수양적인 차원에 근본적인 목적을 두었던 반면, 장승업이 그린 자연은 천재적인 기교와 기량에서 뿜어내는 열정의 붓놀림 그 자체가 생명이라는 얘기다.

장승업이 전통에서 벗어나게 된 이유로 시기적 상황을 언급하지 않을 수 없다. 그가 활동한 1870년대에서 1890년대는 개화 초기이다. 이때는 쇄국에서 개항으로 가던 시기였고, 또 일본사람들에 의해 사진관이 생기고 신문이 발간되며, 전기와 전신·우편·전화가 들어오는 등 많은 변화가 일었다. 때문에 전통 화단에 대한 변화나 그의 창작에 대한 의식도 급진전할 수 있지 않았나 생각한다.

전통에서 벗어난 화풍으로 그려진 작품 중 하나로 「난천청산亂泉靑山」을 꼽을 수 있다. 이 작품은 분명 산수화인데 산수의 기형이 심하게 왜곡되고 과장돼 있다. 특히 산의 표현에서 준법

장승업, 「난천청산」 산수도 병풍 중 제2폭,
비단에 수묵채색, 136.7×32.5cm, 1890(왼쪽)

장승업, 「기명절지도」 (오른쪽)

이라고 할 수 없는 붓놀림, 붓 자국은 그의 괴기한 에너지와 정신세계를 보여주는 환상적인 표현이다. 기이하고 새롭다는 생각이 든다.

그가 매우 잘 그렸고 즐겨 그렸던 소재인 「기명절지도器皿折枝圖」도 역시 항아리가 과장되게 표현돼 있고 음영이 입체적으로 그려졌을 뿐 아니라 구도 또한 새롭다. 바닥에 물체를 놓아 재구성한 포치가 상당히 현대적이고 조형적인 면에서 뛰어나다.

그래서였을까. 장승업은 언제나 노란 눈동자에 주독이 올라서 코끝이 붉은 딸기코를 지녔던, 진정 주광한 예술가이자 주벽의 소유자다. 아! 오죽하면 잔만 들면 삽시간에 말술을 마시며, 또 몇 달을 계속 취해 있었을까. 우스운 얘기로 김명국도 울고 갈 일이다.

속세를 떠나

술 취해 자연을 떠돌다

중국의 옛 문인들

노장사상가의 술에 대한 찬미 _유영

술로 시대를 통곡하다 _완적

아름다운 멋과 풍류의 소유자 _왕희지

속세에 자연의 집을 짓다 _도연명

달을 잡으려다 물에 빠져 죽다 _이백

술 취한 아홉 번째 신선 _두보

노장사상가의
술에 대한 찬미 유영 劉伶 225~80 추정

중국 서진의 사상가로,
죽림칠현의 한 사람이다.
술을 얼마나 좋아하고 찬미하였는지,
술의 덕을 노래한 「주덕송」을 썼다.
누구도 따라올 수 없을 만큼 술에 빠져 살았으나
그의 음주에는 노장사상의
사상적 철학이 담겨 있었다.
그에게 술은 자유롭게 살기 위한 수단이자
사회 반항적인 방편이기도 했다.
술에 미치고 기행을 일삼았으며
자유롭게 살다 간 사상가였다.

작가 미상, 「죽림칠현도」의 부분, 진나라

온 세상의 물이 다 내 술일런가. 오늘도 술 한 섬을 마시고 취했다가 깨고 나니 목이 마르는구나. 이에 다시 마시니 그 술이 닷 말이로세. 그렇게 하기를 몇 번인가. 보다 못한 그의 아내가 술병을 깨뜨려 버리며 음주가 지나침은 섭생의 도가 아니라며 술을 끊을 것을 울면서 간청하자, 드디어 유영의 마음이 움직이니 그의 아내 감동하여 눈물을 거두었겠다.

이제 뒤돌아서서 방을 나가려는 아내에게 유영은 말한다.

"내 이제 술을 끊을 것이오만 내 스스로 술을 끊을 수는 없고 오직 귀신에게 술을 끊겠다고 맹세를 할 수밖에 없으니, 그러니 가서 고기와 술을 준비해주시오."

유영은 신에게 맹세한다.

"하늘이 유영을 낳을 때 술로써 이름을 삼았고 마셔야만 술독이 풀리니 아낙네의 말이란 삼가 들을 수 없습니다."

그러고는 그 술을 먹고 대취해버리고 말았다.

죽림칠현 중 가장 유명한 술꾼으로 꼽히는 유영. 집안의 살림이 어떻게 되어가는지는 관심도 없고, 늘 사슴이 끄는 마차에 술을 싣고 호미를 든 사람을 뒤에 데리고 다니면서 "내가 술 마시다 죽으면 바로 묻어 달라"고 했던 방랑 문인이다.

노장철학의 청담淸談을 논하며 서로 함께 술 마시고 일체의 예속을 무시해버리는 소위 방탕한 생활을 하였다. 그러나 이렇게 생활했다고 유영을 단순한 애주가로 치부해버린다면 문인들의 전아한 음주를 시장잡배의 음주와 동일시하는 것일 게다. 유령의 광적인 음주에는 그럴 만한 이유가 있었다. 그가 남긴 「주덕송酒德頌」의 찬시讚詩를 보자.

세상을 초월하여 우주의 대도를 얻은 대인선생大人先生이라는 사람이 있었다. 그 사람은 천지개벽 이래의 기만幾萬 년을 하루아침에 알았다. 왜냐하면 천지분난天地分難 이전에도 오히려 무한한 시간이 있었을 것이니…… 우주의 본체는 무시無始이며 무한한 것임과 동시에 만상 가운데 내재하여 어떠한 장소에도 항달亘達해 있음이니 그 절대絶大한 본체를 체득한 대인선생으로써 본다면 해나 달은 자기 집의 창문과 같은 것이며, 팔방의 먼 지역도 내 집 뜰이나 거리와 같은 것일 수밖에 없다. 어디로 갈 때는 수레바퀴의 자국을 무시하고 다니며 일정한 집이라는 것도 없다. 하늘을 지붕 삼고 땅을 이불 삼아 천지자연에 몸을 맡기고 마음 가는 대로 자유분방, 하등의 속박도 있을 것이 없다. 그리하여 멈추어 앉으면 술잔을 들어 치배卮盃니 고배觚盃니 할 것 없이 양을 불구하고 들입다 마시며 몸을 움직여 어디로 이동할 때는 술을 떠날 수가 없으니 술통이나 술 항아리나 무엇이든 술이 담겨 있는 것이면 손에 들어야 하는 것이다. 그래서 오직 술 마시는 것으로 일을 삼으니 어찌 그 밖에 다른 일이야 알 것이 무엇인가. 관여할 바가 아니다. 귀한 신분의 대가인사大家人士와 귀족 및 고위 고관의 관인과 학식 있는 처사들이 나의 평판을 듣고 그 까닭을 의논하는 것이다. 그리하여 모두 흥분해서 소매를 떨치고 옷깃을 추켜올리고 성난 눈으로 이도 갈면서 장황히 예법이 어떻다는 것을 설명하여 옳으니 그르니 논쟁이 칼날을 일으킨 듯하였다. 대인선생은 귀공자와 진신搢紳 처사들로부터 논란을 받고 있는 그때에 마침 술 단지를 두 손으로 받들어 주조酒糟에다 술을 받아서 그것을 잔으로 길어 입에다 물어 탁주濁酒를 흔들어 마시며, 수염을 떨어 흔들고 양다리를 쭉 뻗어 편안히 앉아서 누룩을 베개로 술찌끼를 보료 삼아 깔고 기대 앉았으니 생각함도 없고, 염려할 것도 없어 그 즐거움만이 도도할 뿐이다. 우두커니 부동의 자세를 취했다 황홀히 맑은 기분으로 깨었다 하니 고요히 들어도 우레 같은 거센 소리조차 들리지 않고, 익혀 보아도 크다는 태산의 형체조차 깨닫지를 못하겠다. 그저 천하태평이다. 허리를 구부려 세상 만물의 뒤섞여 있는 상태를 보되 장강長江과 한수漢水에 뜬 부평초같이 곁에 앉아 뭐라고 떠드는 이호二豪 족속 신사란 것들은 나나니벌과 퍼렁벌레 같아 보였다.

이 시는 그가 술에 얼마나 미치고 빠져 있었는지, 술의 덕을 찬미하는 내용과 더불어서 그 자신의 유유자적한 철학적 인생관이 녹아 있다. 그의 철학적 인생관이란 당시 죽림칠현이 공통적으로 가지고 있던 노장사상이 뿌리 깊게 각인되어 삶의 전반을 아우르는 것을 말한다.

유영은 대인선생을 통해 '만년을 순간으로 여기고 우주를 내 집으로 삼으며 오로지 술을 마시는 데 힘써서 술에 만취하면 아무리 큰 소리도 들리지 않고 큰 산도 보이지 않는다. 또 추위와 더위도 이기심이나 욕망도 느끼지 못하고 이 세상을 내려다 보면 하찮은 미물들의 다툼장에 불과하다'고 말한다. 또 당시 사대부들이 술을 마시는 이유와 술과 현학사상의 관련 등을 드러내고 있다.

노장사상과
술의 랑데부

노장사상은 도가 철학을 대표하는데, 후세에 노자나 혹은 장자에 영향을 많이 받은 사람들 대부분은 기탄없이 행동하기를 좋아했고 은일지사隱逸之士가 되었다. 노장사상을 간단히 말하면 이렇다. 현세의 생활을 훨훨 벗어던져버림으로써 이상적인 삶에 도달하기를 추구하며, 도道를 우주가 창조해내는 기본 동력으로 여겼고 도가 인간을 창조한 것이기에 인간의 근원적 본질은 결국 도라는 것이다.

　일체의 예속을 무시하고 자유분방한 삶을 살기 위한 수단이 바로 술이었으며, 당시 사회에 반항하는 수단이자 도피처이기도 하였다. 이렇게 술은 무위자연을 존중하고 허무적 인생관에 달하기를 가르치는 노장사상과 결합하여 술에 미친, 예를 들면 도연명·이백·두보 등의 광적으로 술을 마시고 주벽을 가진 문인문사를 출현시킨 것이다.

죽림칠현의 시대는 대략 3세기 중반으로, 조씨의 위魏에서 사마씨의 진晉으로 왕조가 교체되는 전환기였다. 사마씨는 새로이 등장한 정권에 반대하는 이른바 반대파를 색출하는 데 혈안이 되어 있었다. 그 망을 피하기 위해 그들은 쓸모없는 존재가 되기를 자처하면서 속세를 떠나 자연에 묻혀 살기를 바라게되었다. 또 당시 사회에 만연해 있던 음주를 반항의 수단과 처세술로 삼았으며, 스스로 광인 행세를 하거나 실제로 광인이 되기도 하였다. 이때 이들은 모두 노장사상의 무위자연을 중히 여기고 허무적 인생에 달하기를 추구하는 이상을 가진 사람들이었다. 이렇게 죽림칠현을 필두로 도연명이나 이백·두보 등이 출현한 것이다.

어쨌든 위진魏晉은 위계질서가 붕괴되어 공명을 경시하고 부귀를 멀리하는 반면, 자연과 가까이 하고 담론함을 좋아하는 등의 독특한 시대 분위기가 형성되었다. 늘 대나무 숲(竹林)에 모여 마음대로 술을 마시며 시를 짓거나 혹은 풍류를 즐긴 완적·혜강·산도·향수·완함·왕융·유령 등은 유유자적함에 광적으로 집착한 무리들로 길이 남았다(이들을 일컬어 죽림칠현이라 했다). 이들은 언제나 대나무 숲에 모여서 아침저녁으로 그곳에서 놀고 대나무를 친구로 삼고 대나무 숲에서 식사하고 대나무 숲 그늘에 누워서 쉬었다. 이 행동에서 알 수 있듯이 그들의 행동은 매우 괴이했으며 거침없이 방달하였다고 한다.

죽림칠현은 중국 예술문화의 전반적인 기류 형성에 막대한 영향을 끼쳤다고 평가된다. 당시 그들이 술과 자연에 광적으로 집착하고 풍류를 즐기는 모습을 보고는 사대부들과 그 후손들이 그 모습을 흉내 내면서 자신들이 풍류의 명사라고 내세우는 지경에 이른 것이 이를 뒷받침한다. 이때 예술미학에서도 '방일광달放逸曠達', '초연절속超然絶俗', '표일소쇄飄逸瀟洒' 등의 평어들이 유행어처럼 사용되기 시작한다.

술에 취한
자유분방한 문인

죽림칠현 이야기가 좀 길어졌다. 어쨌든 유영은 음주 후의 처사가 꽤나 심했다. 그러나 그는 분명 단순한 술주정뱅이가 아니었다. 그 시대의 당당한 문인으로서 의식과 사상을 갖추었을 뿐 아니라 그의 생활이 곧 도였으니, 그를 따르지 않을 자가 어디 있었겠는가. 그러나 재미있게도 기록에는 그가 항상 방종하게 술을 마시고 제멋대로 행동했다고 전한다.

누구도 못 말리는 광태를 벌인 일화가 전해지는데, 거기에는 유영이 가진 우주관의 즐거움이 배어 있다. 오직 술에 미친 사람의 독특함으로 이해할 수 있겠다. 이런 이야기다.

그날도 술을 물처럼 여겨 한 섬을 마시고 대취하였겠다. 걸치고 있는 옷이 거추장스럽게 여겨지니 집 안에서 옷을 벗고 나체로 벌러덩 누워서 가장 편한 자세와 마음으로 있었을 터. 대번에 사람들이 그것을 보고 '어허! 저런 미친놈'이라고 조롱하며 웃음거리로 여기자 오히려 세상천지를 집으로 여기고 집을 옷으로 삼는데 어찌하여 당신들이 내 속옷으로 들어왔느냐며 호통을 쳤으니 그의 당당함이 이러하였다. 여기서 우리는 그가 예법을 무시하고 자연스런 감정과 행위를 표출하는 자유분방함의 몸짓에 웃음을 짓지 않을 수 없다.

술로 시대를 통곡하다 완적 阮籍 210~63

중국 삼국시대 위나라의 문인으로
죽림칠현의 중심인물이다.
시대적 저항의 방편으로 벼슬을 않고
그저 술이나 마시며 세월을 보내려 했으나,
보병 주방장이 술을 잘 담그고 그곳에
술이 많다는 이야기를 듣고는
보병교위를 지냈다는 일화가 전해진다.
하지만 정치에서 물러난 후로는
술과 기행, 독서로 정치적 신념을 위장하며 살았다.
노장사상을 연구하고
이를 추구하는 작품을 남겼으며
『완사종집』, 「달장론(達莊論)」 등을 지었다.

작가 미상, 「은자들」의 부분 , 비단에 채색, 45×169cm(전체), 890년경, 상하이미술관 소장

세상을 등지고
책 속으로 칩거하다

온종일 집 안에 틀어박혀 노자와 장자를 연구하고 독서만 했던 중국 위나라의 문학자가 있었다. 죽림칠현의 한 사람이었던 완적이다. '간서치'라 불리며 책만 읽는 미치광이 혹은 바보로 알려진 이덕무를 떠올리게 하는 사람이다. 완적은 어떤 때는 한 달 내내 꼼짝하지 않기도 하고, 또 어떤 때는 혼자서 산과 물가에서 온종일 시간을 보내며 집에 들어오지도 않았다. 또 어느 날인가는 길을 잃고 헤매어 대성통곡을 하였는데, 이것이 '완적이 길 끝에서 통곡하다玩籍窮途之哭'라는 속담이 되었으니, 그의 행동이 얼마나 괴이했는지 짐작된다. 물론 완적이 통곡한 이유는 단순히 길을 잃어서가 아니라 세상에서 구심이 되는 길을 잃었기 때문이었다.

유영과 마찬가지로 완적 또한 위진 정권 교체기를 겪었다. 정치적 혼란으로 많은 인사들이 죽임을 당하는 것을 목격하고서는 될 수 있으면 세상사에 관여하지 않기로 한 완적. 그저 술을 마시며 사는 것으로 정치적 소요에 저항하였다. 이런 행적의 바탕에는 현학적인 사상이 있던 것이 사실이지만, 세상사에 대해 품은 오만과 벼슬을 하지 않으려는 태도도 영향을 끼쳤다 할 수 있다.

시대의 고민을
술로 달래다

술로 정치적 소요를 피하고자 한 완적. 이에 얽힌 흥미로운 일화가 전해진다.

진晉의 문제文帝 사마씨는 완적과 담소하기를 즐겼다. 그런데 완적은 그를 좋아하지 않았던가 보다. 문제가 자신과 혼맥을 맺으려 하자 60일 동안이나 술에 취하여 그를 피한 것이다. 위기를 재치 있게 모면할 줄 아는 완적의 일면을 보여준 사건이다.

그런데 하필 사마씨 정권의 보병 주방장이 술을 잘 담그고 또 그곳 주방에 술 3백 석이 있다는 말을 듣게 되었다. 워낙 술을 좋아했던 완적이 아닌가. 그 말만 듣고 때마침 공석이었던 보병교위라는 벼슬자리를 원하여 얻었다고 한다. 보병교위에 오른 완적이 보병 주방에서 유영과 함께 술을 마시다 취해서 죽었다는 이야기가 전해지기도 하지만, 어디까지나 술을 좋아한 탓에 생긴 설이다. 그러나 둘이서 그렇게 술을 마신 건 사실인 모양이다.

이렇게 애주가였던 완적은 시대적인 고민을 술로 달래다가 52세를 일기로 세상을 떠났다.

술과 관련된 일화는 더 전해진다.

이웃에 아주 뛰어난 미색을 갖춘 여인이 주점을 열었다. 이 소식을 들은 완적은 주점을 열자마자 왕융王戎과 함께 주점을 찾았는데, 그곳을 찾아간 것이 하루이틀뿐이었겠는가. 자주 주점에 얼굴을 비추고 술을 마셨는데 그때마다 취하여 여인의 곁에서 잠이 들었다. 그러니 여인의 남편이 의심하는 게 당연지사. 의심 어린 눈으로 몰래 살펴보니 어찌된 영문인지 완적은 그저 취하여 여인 곁에서 잠이 들 뿐 다른 뜻이 없는 게 아닌가. 어허, 참! 괴이하다. 밖으로 드러나는 모양새는 참으로 방탕했건만 내면은 지극히 순수했다. 『진서晉書』의 「완적전」에 전해지는 이야기이다.

광기와 광달한 경지에 이른 임진방달의 진신

완적은 또 정이 많고 다정다감한 사람이었던가 보다. 이런 일화가 있다.

이웃 마을에 평소 전혀 교분이 없던 집안이지만 예쁜 처녀가 죽었다는 소식을 듣게 되었다. 완적은 한걸음에 그 집으로 달려가서 목이 끓는 애통한 목소리로 곡을 했다. 처녀의 부모들이 '도대체 저 자가 누구인가. 안면이 없네 그려' 하고 의아해했다고 한다. 완적의 이러한 모습에서 위진인들의 깊고 솔직한 정과 인간적인 배려, 여유가 느껴진다.

그러나 달리 생각하면, 멍청하리만큼 순수하고 또 어찌 보면 하도 괴이해서 미친 것 같은 이러한 행위가 시대가 안겨준 절망적인 욕망의 표현이자 사마씨에 대한 저항의 표현이 아니었을까?

사실 사마씨는 일찍부터 완적의 재능을 알아보고 그를 자기

편으로 끌어들이려 애썼다. 그래서 완적이 미친 듯한 행동했을 때도 믿지 않고 오히려 이를 이용하려 했다. 그와 친구가 되려고 했던 것이다. 그러나 완적이 누구인가. 이미 그는 이를 꿰뚫어 보고 있었다. 어쨌든 그토록 잔인한 권력자였던 사마씨도 완적의 앞에서는 자애로운 군자의 모습이었다 한다.

이런 일도 있었다.

어느 날 완적이 한가롭게 손님과 바둑을 두고 있었다. 그런데 그때 모친이 돌아가셨다는 비보가 날아들었고, 손님이 크게 놀라며 바둑을 그만 두려 했다. 그러자 완적이 크게 놀라는 게 아닌가. 두고 있던 바둑을 그만 두려 해서 말이다. 끝끝내 바둑을 다 두고서야 초상을 치를 수 있었다 한다. 이것도 예법에 크게 어긋나는 일이거늘, 출상 때도 손수 살찐 돼지를 잡아 두 말의 술을 마시고 나서야 영구 앞에서 슬픔에 목이 메여 피가 나오도록 통곡하였으니, 이를 두고 완적을 시기하는 사람들은 풍속을 해친 그를 멀리 유배시켜야 한다고 주청을 올렸다. 헌데 사마씨는 오히려 완적의 슬픔을 위로하는 연회를 베풀어주며 주청을 올린 하증이라는 사람을 나무랐다. 동정하지 않는다고 말이다.

완적의 광기와 광달한 경지는 노장사상에 기초한 당시의 허식적인 예교 사상을 반대하고 공포적인 정치에 항거하는 임정 방달任情放達의 정신이라고 할 수 있다. 그의 여러 일화에서 알 수 있듯이 그것은 예법에 구애받지 않고 행동에 구속받지 않는 위진 현학의 득의망형해得意忘形骸(직역하면 뜻을 얻은 다음에는 형상을 버린다는 의미)와 같은 것이 아니겠는가.

참으로 괴이한 행적을 남긴 완적의 생김은 어떠했을까? 한마디로 괴걸스러웠다. 그리고 괴걸스런 외모만큼 성품 또한 당당하고 훤칠하며 비범했다. 그 속에 인간적인 풍모까지 갖추었으니 일찍이 사마씨도 이를 알아보지 않았겠는가. 이런 좋은 풍채이고 보니 장장 60일 동안이나 술에 만취해 있어도 끄떡없었던 게다.

아름다운 멋과
풍류의 소유자 왕희지 王羲之 307~65

중국 진(晉)나라의 서예가로
중국 고금에서 최고의 서성으로 존경받는 인물이다.
해서·행서·초서를 모두 완성함으로써 예술로서의
서예의 위치를 확고히 하였다.
그의 서체는 힘차고 기품있다고 평가되며
「난정서(蘭亭序)」,「악의론(樂毅論)」 등
많은 작품을 남겼다.
술을 좋아하였으나 멋스럽고 낭만적 풍류로
술을 즐긴 문인이다.
꼬불꼬불한 연못에 술잔을 띄워
지인들과 술을 마신 유상곡수연으로, 도 유명하다.

전선, 「왕희지관아도」, 종이에 먹과 채색, 23.2×92.7cm, 원나라,
뉴욕 메트로폴리탄 미술관 소장

표일과 소쇄의
경지에 오르다

위진 시대에 광기와 열정을 그야말로 유감없이 자유롭게 표출하고 멋과 낭만적 풍류까지 누리며 여유롭게 살다간 문인이 있었으니, 서예가 왕희지였다.

광기와 열정의 이면에는, 내면에서 분출되는 에너지가 그 스스로 제어되지 않을 때 따르는 고통이 있기 마련이다. 예를 들면 공융孔融이나 죽림칠현, 혹은 서위나 팔대산인 같은 사람들은 멋과 풍류를 누리지 못하고 슬프고 우울한 삶을 살았다. 때문에 왕희지의 풍류가 더욱 특별한지도 모른다.

왕희지는 그의 멋과 풍류만큼 성품 역시 소탈하고 호방해서 위진 시대를 살다간 어느 명사보다 정평이 나 있었다 한다. 오죽하면 그를 두고 "표연함이 떠도는 구름과 같고, 날렵함이 놀란 용과 같다"(유의경劉義慶, 『세설신어世說新語』)고 하였을까. 왕희지의 이와 같은 면은 왕씨 집안의 내력과도 무관하지 않다. 그는 왕광王曠의 아들이었고 당시 유명했던 대장군 왕돈王敦과 동진 건설에 큰 공적을 세운 왕도王導 그리고 죽림칠현의 한 사람이었던 왕융王戎의 조카였다.

왕희지의 글씨와 문장을 두고 일반적으로 '표일飄逸하다'거나 '소쇄瀟洒하다'고 말한다. 또한 "글씨는 그 사람과 같다"는 말처럼 인품 또한 뛰어났다는 면에서 위진의 명사들과 같은 도가적인 색채가 짙어 보인다. 실제 그는 마흔아홉 살 때 관직을 버리고 은거하였는데, 그러는 동안 온갖 명산을 두루두루 유람하면서 유유자적하게 생활한 것을 보면 더욱 그렇다.

도가 정신이 가장 중시하는 부분은 천성을 자유롭게 드러내는 '표일'과 '소쇄'이다. 이는 도가 최고의 경지이자 위진 문인들 최고의 인생관이기도 하다. 운韻이라는 말과도 관련이 깊은데, 그것은 형식과 법도에 구애받지 않고 무위의 상태에서 자연스럽게 얻어지는 아름다운 멋과 풍류라고 볼 수 있다.

음주와 풍류의 극치, 왕희지의 유상곡수연

아름다운 멋과 풍류에 술이 빠질 리 없다. 유상곡수연流觴曲水宴
이라는 말이 있는데, 이는 흐르는 물에 술잔을 띄우고 그 술잔
을 받은 사람이 시를 짓는 풍취 짙은 문인들의 놀이이다. 왕희
지가 절강성 소흥현 회계산 난정에서 뜻이 맞는 선비 마흔두
명과 함께 유상곡수연을 즐겼다는 데서 유래한다. 이 모습이
어찌나 풍치가 있고 멋스럽던지 당시 궁중이나 가정집에서조
차 연못을 꼬불꼬불 흘러가게 만드는 것이 대유행이었다. 그것
이 통일신라에까지 전해져 우리네 포석정이 만들어졌다.

왕희지는 유상곡수연에서 술과 그 감흥으로 명작을 빚어냈다.
수계修禊(나쁜 액을 흘러 보내기 위해 음력 3월 상순 사일巳日이면 흐
르는 냇물에 몸을 씻던 고대 중국의 풍속)를 빙자로 여러 사람이
모였으니, 무릇 풍류라는 것이 술이 있어야 하고 마셔서 취해
야 또한 흥취가 일지 않겠는가. 술은 술이로되 사오싱주(중국 8
대 명주 중 하나)가 제맛이고, 묵을수록 맛이 나니 수백 년은 되
어야지. 물가 정자에 앉아 호박색 사오싱주에 한층 감흥이 고
조되니 문득 주위를 둘러본다. 정자 앞 물위에서 노니는 하얀

거위 세 마리……. 이미 술에 취해 있었지만 또 한 잔 마시고 취흥이 고조에 오르니 춤을 추듯 일필휘지로 써내려가는 자유분방한 붓의 휘두름…….『난정집서蘭亭集序』의 내용이다.

영화 9년 해로는 계축년 모춘(음력 3월) 초에 회계 산음의 난정이란 곳에 우리가 만났음은 수계사를 치루기 위함이라.

여러 어진 분들이 오시고, 젊은이와 연장자들이 모두 모였다.

이곳에는 높은 산과 준령이 이어지고, 울창한 숲에는 가는 대나무들이 있었다.

또 맑은 시냇물은 급히 흐르는데 물빛과 산색이 서로 어우러져 있었다.

물을 모아 작은 못을 만들고 잔을 띄워 차례대로 마시도다.

비록 사죽관현의 음악이 없어도 한 잔 술에 한 수의 시로 그윽한 회포를 마음껏 풀기에 족하다.

이날 하늘은 화창하고 공기는 청신하며 부드러운 바람이 불어와 상쾌하였는데, 머리 들어보며 천하고금의 웅대함을 생각하고 고개 숙여 만물의 번성함을 느끼도다.

마음껏 눈을 돌려 가슴을 여니 눈과 귀의 기쁨은 극에 달했고 실로 즐겁고나.

대저 세상 사람들이 서로 살아가는 모습이란 부앙지간俯仰之間에 한

평생을 문득 보내나니, 마음속의 포부를 방안에서 지우知友와 서로 토로하고, 혹은 마음을 기탁할 곳을 형해(몸)를 떠나 방랑하는 다른 곳에서 구하기도 하니, 그 취사取捨가 비록 서로 판이하고 동과 정이 다를지라도 스스로 조그마한 즐거움을 만나면 기뻐하고 만족하며 늙음이 찾아옴도 알지 못하는지라.

그렇지만 흥이 지나 권태가 찾아오면 그 마음도 따라 변하고 탄식이 뒤를 잇는다.

옛날에 좋아하던 바가 순식간에 발자취로 남겨지니 그 감회를 느끼지 않을 수 없다.

사람 수명의 길고 짧음은 천지조화에 달렸으며, 최후의 기약이란 바로 생명의 끝인데, 옛사람도 이르길 "삶과 죽음은 큰일이다"라고 했는데, 어찌 슬프지 않으리오?

항상 책으로 고인들이 느끼는 감정의 연유를 대할 때 마치 판에 박은 듯 자신의 생각과도 동일하여 글을 보며 탄식하지 않은 적이 없었고 마음속에서 그것을 떨쳐버린 적이 없었다.

실로 삶과 죽음을 하나로 봄은 허황된 것임을 알게 되고, 8백 년이나 산 팽조彭祖와 단명하여 요절한 것을 한가지로 보는 장자의 논리 또한 터무니없는 것이려니, 먼 훗날에 현재를 생각함은 마치 지금 우리가 지나간 옛적을 보는 것과 같으니 이 어찌 슬픈 일이 아니겠는가!

그러므로 당시 모인 사람들을 적고 그들의 시를 기록하니, 비록 세상과 상황은 다를지라도 그 느끼는 바는 하나일지니 후세에 이 글을 보는 자는 그래도 이 문장에 감동을 받으리라.

이튿날, 술이 깬 뒤 왕희지는 자신의 작품을 보고 전에 없이 만족해하였다. 작품이 더없이 훌륭해서 여러 번 반복하여 같은 글을 썼으나 어찌 전날과 똑같은 감흥으로 붓과 글이 한 몸이 되어 휘둘러질까. 결국 같은 글을 쓸 수 없었다.

왕희지의 이 일만 보더라도 술을 마셔 취흥이 오른 채로 창작을 하면 정서적으로 고양되고 감흥이 즉흥적으로 발산됨을 알 수 있다. 그래서 술기운이 오르면 자연과 더욱 몰입되고 자동적으로 창작에의 욕구가 발산되고 행위로 이어지는 것이다. 왕희지가 그랬듯이 술에 미치고 자연에 미친 문인들과 화가들에게서 이러한 일련의 공통된 양태가 보인다. 이『난정집서』는 당시 내노라하는 문인들이 시를 짓기에 앞서 왕희지가 먼저 지었던 서序를 일컫는 것으로『난정아집시서蘭亭雅集詩序』라고도 한다.

왕희지의 말처럼 인생을 한 번쯤 뒤돌아보려는 생각을 했던 사람이라면 적어도 이 글의 감동이 얼마간은 전해오지 않을까 싶다. 비록 그때와 지금이 다를지라도 말이다.

속세에 자연의 집을 짓다 도연명 陶淵明 365-427

중국 동진의 시인으로
육조(六朝) 최고의 시인으로 불린다.
스물아홉 살부터 관료생활을 하였으나
십여 년만에 그만두고 마흔한 살에
은둔 생활을 시작하였다.
고향에서 은거하였으나 화재가 나 집이 타버리자
심양의 남쪽에 있는 남촌으로 이사해
그곳에서 만년을 보냈다.
이곳에서 많은 지식인들과 교유하였으며
주로 자연을 노래한 시를 지으며 살았다.

이경윤, 「수하취면도」, 비단에 수묵담채, 31.2×24.9cm, 16세기, 고려대박물관 소장

자연과 술 속으로
은거하다

진나라가 망하고 송나라가 들어서자 은거를 결심한 이가 있었
다. 동진東晉 말엽에 활동한 도연명이었다. 도연명은 조식曹植과
이백李白·두보杜甫 사이의 4백 년간 가장 훌륭한 시인이었다.
당·송 시대의 대가인 왕유와 맹호연孟浩然·왕안석王安石·소식
蘇軾 등에게 크게 영향을 미친 은일시隱逸詩의 원조로 일컬어진다.
   도연명은 어떤 인물이었을까. '인품이 높아야 필법도 높다'
는 말처럼 그는 자신을 한계 짓는 속박에서 벗어나 천지자연의
자연스런 본성으로 돌아가 오직 자연과 하나가 되는 도의 경지
를 추구하였던 높은 인품의 소유자였다. 그런 까닭에 이름도

도잠陶潛으로 바꾸기에 이르렀고 오직 자연을 사랑하며 안빈낙
도安貧樂道의 삶을 살았다. 이렇게 자연으로 은거한 데에는 역시
당대의 어지러운 사회 분위기가 결정적인 구실을 했다. 그리고
세속을 벗어나게 하는 데 술이 중요한 역할을 하였다.

　일찍이 소통蕭統은 『도연명집서陶淵明集序』에서 "도연명의 시에
는 편마다 술이 보이는데, 내가 보기에는 그 뜻이 술에 있는 것
이 아니라 술을 통해서 자신의 뜻을 기탁한 것이다"라고 하였
다. 탈속의 경지로 들어가기 위한 음주였음을 밝힌 말이다.

　그가 『귀원전거歸園田居』에 "한낮에 사립문을 닫고 술을 마주
하며 세속의 생각을 끊네"라고 썼듯이, 그에게서 술은 속세의
온갖 잡다한 일들을 잊게 하고 오로지 자신과의 몰입을 통해
심재心齋에 이르게 하는 수단이었다. 이런 의식세계는 위진 시
대의 문인들이 생각하였던 '술이 사람으로 하여금 높은 정신적
경지에 이르게 한다'고 생각한 것과 유사하다.

술에 취해 꿈꾼
이상세계 '도화원기'

그러나 현실적인 삶을 풍요롭게 누리기에는 그의 높고 지고한

이상과 정신이 너무 맑았나 보다. 도연명은 가난한 살림살이에 허덕이는 가족들을 위해서 관직에 나가 벼슬길에 올랐으나 막상 관리들의 부정을 보고 개탄하지 않을 수 없었고, 그때마다 출사와 퇴임을 거듭하여 10여 년을 보냈다. 부정을 보니 나가지 않을 수 없고, 가족을 보니 다시 들어가야 하는 악순환이 반복되는 사이, 그 마음 오죽했을까마는 마침내 마음의 군더더기를 걷어내기로 결심하고 이렇게 생각한다.

'나 오직 가난해도 농사일을 하면서 천성을 바르게 지키는 것이 바른 삶이라는 것을 깨달았네. 지난날의 벼슬살이가 잘못이었음을 이제야 깨달았으니, 이제라도 난세의 출세를 버리고 향리로 돌아가 자연의 섭리대로 살리라.'

관직을 버린 도연명에겐 오직 국화를 기르고 술을 마시는 것이 인생의 가장 큰 낙이었다. 이것이 그의 벽이었을까? 그래서인지 그의 시문학에 술과 국화를 읊은 시가 많다. 이제는 너무도 유명한 구절이 된 "동쪽 울타리 아래에서 국화를 따다 멀리 남산을 바라본다"는 말도 있지 않은가.

도연명의 지인들은 가난하여 술조차 마음 놓고 마실 수 없게 된 도연명을 위해 가끔 술자리를 마련하곤 했다. 그가 어찌 그 고마운 마음을 거절하겠는가. 마다 않고 거리낌 없이 실컷 마시고 취하여서 문학 속의 술 세계를 열렬히 칭송하니, 술로써 성인이 되는구나. 그는 그야말로 '술의 성인聖人'이었다.

속세에 대한 실망을 술로 풀어 문학적인 산물이 되니 그것이 『도화원기桃花源記』였다. 그의 환상 속 도화원 사람들은 그저 유유자적하고 태평한 나날을 보내니 그곳이 천국이 아니고 무엇이란 말인가. 이렇듯 술과 문학은 그와 떼어놓을 수 없는 것이었다. 어떤 사람은 도연명이 평생 술을 즐겨 자신은 절세의 대시인이 되었지만 그 자식은 머리가 무척이나 나빠 부모의 마음을 아프게 했다고 말했다 한다. 그래서 또 「자식을 책망하노라」를 지으니, 이 시를 짓고 눈물지었을 그가 그려진다.

이내 몸 이미 귀밑머리 백발 되고, 몸도 예전 같지 않아 부실한데 다섯 아들 두었으되 모두 아둔하구나. 서는 벌써 열여섯 살인데 게을러 배필이 없고, 선이는 열심히 공부는 하지만 문장 익히기를 싫어하고, 옹이와 단이는 열세 살에 6과 7을 분간도 못했으며, 아홉 살 막내 녀석은 그저 배와 밤만 달라고 한다네. 천운이 이러하니 술이나 마실밖에.

자식 농사로 겪는 어려움이 이러하니 세상사가 더욱 덧없이 느껴졌을 것이다. 이래저래 그는 혼자서도 술을 즐겨 마셨다.

166

휘영청 밝은 달은 누구를 위해 저리 밝은가, 그 달빛 아래 홀로 앉아 그림자와 이야기 하노니 그림자가 나인가 내가 그림자인가, 취기가 잦아드니 그와 내가 하나일세……. 아마도 이렇게 혼자서 중얼거렸을 테다.

무현금 연주와 음주 시

가끔은 취하여 거문고를 쓸어안고 어루만지며 연주도 하는데, 이른바 무현금 연주다. 줄이 없으니 소리가 없는 것이 아니라 모든 소리 정하게 모여 슬픔의 노래를 하는 것이니, 그의 친구들은 이 소리 없는 연주에 찬사를 보냈다. 서로에게 교감할 수 있는 이 무언無言의 분위기가 너무도 아름답다.

도연명의 '음주飮酒' 시가 있다. 모두 20수로 된 그 시의 서문에 "술에 취해 갑자기 몇 구절 시를 지어 스스로 즐겼다"며 술에 취한 후에 이 시를 지었음을 적어두었다. 그는 서문에 이 시를 짓게 된 까닭을 이렇게 밝히고 있다.

나는 한가롭게 살아 즐거움이 적은데 근래 밤마저 길어지고 있던 차에 우연히 좋은 술을 얻게 되어 하루저녁도 마시지 않은 적이 없다. 그림자 돌아보며 홀로 잔을 비우고 홀연히 다시 취하곤 하였다. 취한 후에는 문득 시 몇 편을 지어 스스로 즐겼는데 붓으로 종이에 옮겨 적을 만한 것이 많게 되었다. 말의 조리와 순서가 없지만 애오라지 친구에게 쓰게 하여 즐거운 웃음거리로 삼고자 한다

이 시의 첫 구절에 그의 반속사상反俗思想을 알게 하는 다음과 같은 대목이 있다.

속세에 오두막 있었지만 문 앞에 수레,
거마車馬 소리 들리지 않네. 어찌하면 이리 되겠는가?
마음이 멀면 사는 곳도 멀어진다오.
동쪽 울 밑에서 국화를 따며 유연히 남산을 바라보니
산 기운은 석양에 빛나고 새들은 무리지어 돌아오누나.
이 가운데 참뜻 있으니 어찌 말로 표현할 수 있으리오.

그의 은거가 세상과 완전히 결별하는 것이 아닌, 자연스럽게 속세에 집을 짓고 살면서도 자신의 마음은 속세를 완전히 떠나 있는, 허식이 없는 은거생활임을 말하고 있다.

달을 잡으려다
물어 빠져 죽다 이백 李白 | 701~62

중국 당나라의 시인으로 「성당의 기상을 대표하는 시인」으로 불린다. 어려서부터 학문에 뛰어났고 출사하였으나 안사의 난으로 유배된 후로 중국 전역을 방랑하며 여생을 보냈다. 칠언 절구에 뛰어났으며 시문집에 『이태백시집』 30권이 있다.

석도, 「여산관폭도」, 비단에 수묵, 청대, 교토 센오쿠하코칸 소장 중국 최고의 낭만주의자이며 최고의 주선酒仙이자 성당盛唐기 최고의 시인이었던 이백. 그는 한 손에는 술을, 또 한 손에는 시를 들고 천하를 휘둘렀다. 그의 지기인 두보는 그를 두고 '세상없는 주중선酒中仙'이라 불렀을 정도니, 그는 진정 주광酒狂한 자였다.

　그의 어머니가 꿈에서 태백성太白星을 보고 낳아서 그의 이름을 백이요, 자를 태백太白이라 했다. 이태백 자신 또한 붓 끝에 꽃이 피는 꿈을 꾸었다 전한다. 머지않은 훗날에 그의 천재성이 만천하에 드러나리라는 예고였던 걸까. 열다섯 살이 되어서는 검술을 배워 그 칼로 사람을 해치기까지 한 협객이기도 하였으니 임협任俠한 사람이 되고자 했다. 그래서인지 관우나 장량, 주해 등을 흠모하였다고 한다.

이 시절 만난 공소보孔巢父 · 한준韓準 · 배정裵政 · 장숙명張叔明 · 도면陶沔 등과 함께 조래산徂徠山 속에서 살면서 날마다 술에 빠져서 살았으니, 이를 두고 사람들은 죽계육일竹溪六逸이라 불렀다. 또한 그의 의식은 공자와 맹자, 노자와 장자를 따르고 있었다.

노력파 천재의
여생을 함께한 술과 시

이백은 열 살에 이미 오경五經에 통달했을 뿐 아니라 제자백가諸子百家를 공부할 만큼 꽤나 학문에 열심인 위인이었다. 그의 천재성 뒤에는 이렇듯 유년시절부터 공부하고 노력한 부단함이 있었다. 그러나 자고로 천재들은 어려서부터 두각을 보이기 마련. 이백도 다섯 살에 육갑을 암송하고, 열 살에는 백가百家를 열람했을 뿐 아니라 기이한 서적들을 읽었으며 부賦를 지으면 사마상여司馬相如를 능가했다고 한다. 노력도 했지만 그에 못지않게 그의 천재적인 재주가 어려서부터 빛을 발한 것이다.

그렇다고 그저 책만 파고들지는 않았다. 한때에는 칼을 차고 다니며 의협심에 불타오르기도 했고 그것에 관한 시를 짓기도 했다. 또 신선이 되고자 도사를 찾아다니던 때도 있었지만 도사를 만나지 못해선지 그 꿈을 접고 하산했다. 그러나 이후에도 그의 인생 대부분은 협객정신과 의협심으로 가득 차 있었다. 정치계에 나서지만 안사安史의 난亂이 실패하자 간신히 목숨만 구명되었고, 남은 생애를 술과 시로 보냈다.

이백은 그의 60여 년 대부분의 생애를 정처 없이 중국 각지를 방랑하며 보냈다. 이와 관련된 일화가 재미있다.

그날도 사방을 떠돌다가 화산華山에 오기로 마음먹고 나니 술한 말을 마시지 않을 수 없었고, 하여 취한 채로 나귀에 올라현의 치소 관청 앞을 지나게 되었다. 마침 그곳 현령이 이 모습을 보고 노기가 발동했다. 그가 이백인 줄 꿈에도 몰랐을 터, 그를 관청 뜰로 끌고 가서 당장 내리라고 소리쳤다.

"네가 누구냐? 누구기에 감히 무례하게 구느냐? 당장 내려와서 엎드려 이실직고하렷다."

이백은 내려오진 않고 태연히 글을 써서 보여주었는데, 그글에 자신의 이름도 쓰지 않고 다만 이리 적었다.

일찍이 내가 취하여 토하였을 때 임금(현종)이 직접 수건으로 닦아주었고 임금이 손수 내 국에 간을 맞추어줄 정도였으며, 양귀비가 나를 위해 벼루를 받쳐 들고 있었으며, 고력사가 나를 위해 신을 벗겨주었다. 천자의 문 앞에서도 오히려 말을 탄 채 다니는 것이 허용되는 인물인데, 이 화음현에서는 나귀조차 타지 못한단 말인가?

현령은 글을 읽고 깜짝 놀랐다. 그리고는 이내 허리를 굽혀 "한림께서 이곳에 오신 것을 몰랐습니다"라며 사죄했다. 이에 이백이 '하하하' 한참을 웃고서야 다시 길을 떠났다.

그가 쓴 글에 방약무인傍若無人의 독존적인 모습이 배어 있다. 어쨌든 이때, 특히 45~57세 때의 시는 양적인 면이나 질적인 면에서 뛰어났다.

"다만 술꾼은 그 이름이 남아 있지 않은가"

술 한 말을 마시고 시 1백 편을 지었고, 술이 없이는 시가 나올 수 없다 한 이백. 그는 이렇게 말했다. "예부터 성현들이 죽은 후 쓸쓸히 아무도 몰라주지만, 오직 술을 잘하던 자들만 후세에 그 이름을 남겼다."「장진주將進酒」에 쓴 말이다.

그대는 보지 못하는가

황하수가 천상에서 흘러옴을

빠르게 바다에 이르면 다시 못 돌아옴을.

그대는 보지 못하는가

높은 집 거울 앞에 서글피 비낀 백발

아침에 푸른 실 같은 머리카락이 저녁에 눈이 됨을.

인생은 뜻이 서면 모름지기 기쁨을 다해야지.

헛되이 술동일 놓고 달과 마주하지 말라.

하늘은 나에게 재주를 주었으니 꼭 쓰이겠지.

천금이라 다 쓰면 다시 돌아오는 법이다.

양을 삶고 소를 잡아 우선 환락을 다하여

반드시 한 번에 3백 잔을 거나히 마시자꾸나.

잠씨여 단구님이여

술을 올리는데 멎지를 마오.

그대에게 한가락의 노래를 읊으니

부디 날 위해 귀 기울여 들어주게나.

훌륭한 풍악과 좋은 안주는 귀하진 못해

다만 바라는 길이 취해서 술 깨지 말자꾸나.

예부터 성인군자도 다 돌아가 쓸쓸하나

다만 술꾼은 그 이름이 남아 있지 않은가.

진왕인 조식은 그 옛날 평락관에서 잔치하며

한 말 술을 일만 전에 사 마시고 떠들며 즐겁다.

주인이여, 어찌 돈이 없다고 이르는가.

반드시 금방 사다가 그대와 마주 마시리.

털이 빛나는 말, 천금의 가죽옷

아이 불러 가지고 가서 술과 바꾸어

그대와 함께 만고의 시름을 삭히자꾸나.

당대唐代는 그 어느 시대보다도 호방하고 개방적이며 다양하고 화려했던 시절이다. 위진남북조 문학이 난세의 틈바구니 속에서 도가적 성향을 띠고 잠시 편안함을 추구했다면, 태평성대의 기운 속에서 유가의 바탕 위에 불교와 도교를 융합시킨 문화를 이루었던 당대의 문학은 부강과 여유로움에서 피어났다. 그러나 기본적으로 위진남북조 노장사상의 풍류문화를 이어받았다고 해야 할 테다.

이러한 당대 문화에서 주목되는 것은 역시 음주 문화이다.

당 이전 시대의 통치자들은 평민들이 술을 마시고 빚는 데 대해 대개 금지 정책을 취해왔지만, 당대에 이르면 특별한 상황이 아닌 이상 금주령을 내리지 않았다. 그리하여 위로는 황실 귀족과 아래로는 평민에 이르기까지 모두 술을 즐겨 마셨다.

원나라 신문방辛文房이 당나라 시인들의 전기를 모아 펴낸『당재자전唐才子傳』에 의하면, 당대의 풍류재자風流才子들은 다정다감하고 진실한 태도로 인생을 후회 없이 살다간 문인들이었다. 도학자들의 눈에 비친 방종하고 변태적이며 색정적이기까지 한 그들의 괴이한 행동들은 사실 왕성한 창조력에서 비롯된 예술가들의 넘치는 생명력의 한 표현이었다고 보아야 한다. 어쨌든 당대 문인들의 기상 역시 호방하고 대범하며 기탄없이 행동하는 특징을 보인다.

그 이름난 주군 중에 이백은 단연 빠지지 않는 인물이었고, '술을 마시게'라는 뜻의 이 장편시「장진주」가 빠질 수 없는 것이다. 인생은 덧없고 뜻대로 되기 어려우니 술이나 마시자는 이백. 그 속에 인생에 대한 깊은 통찰과 무상함이 담겨 있다.

그는 만고의 시름을 씻어 내리려면 연거푸 백 항아리의 술을 마시자며 인생의 괴로움을 토로한다. 이게 그가 술 마시는 이유이다. 상당히 낭만적이고 외향적인 그였지만 인생의 덧없음과 시름을 벗어나기란 이토록 어려운 일이었던 게다. 그렇지만 우울하고 슬픔에 젖어 있기보다는 희망과 꿈을 잃지 않는 그의 호방함이 함께 엿보인다.

하늘이 우리를 이 세상에 태어나게 한 것은 반드시 쓰임을 위해서이니, 천 냥의 황금을 다 써버려도 언젠가는 등용이 되어 자신의 이상을 펴게 되리라는 그의 낙천적인 희망을, 지금 나도 믿고 싶다. 신의 메시지처럼 가슴에 와 닿는 이 구절. 희망이 없다면 어찌 오늘을 견딜 수 있단 말인가. 우리는 내일의 희망이 있기 때문에 행복할 수 있다.

그래서일까. 그에게서는 좌절과 포기, 절망이란 없을 것 같다. 한 말의 술을 주고서라도 그의 낭만적 이상, 어두운 현실에서도 미래를 꿈 꿀 수 있는 그 배포를 사고 싶어진다.

하늘이 만약 술을 사랑하지 않았다면

하늘에는 주성이란 별이 없을 것이요

만약 땅 또한 술을 사랑하지 않는다면

이 지구 위의 주천이란 땅은 없었을 것이 아닌가

이렇듯 하늘이나 땅도 술을 사랑하는데

하물며 하늘 밑 땅 위에 사는 인간이 술을 좋다고 사랑한들 천도에

부끄러울 것이 없다.

옛날 청주를 성인이라 일컫고

탁주를 현자라 칭했듯이

범속한 범인이라도 성인이나 현자를 뱃속에 삼키는 것이나 진배가 없으므로

구태여 수양을 하고 도를 닦기 위해

심산유곡에 가고 고행을 할 필요가 없는 것이다.

큰 잔으로 석 잔을 마시면 노장의 이른바 무위자연의 대도를 깨우칠 수 있고

한 말 술을 마시면 자연의 섭리 그 핵심과 합치가 된다.

즉 생각하는 대로 행동을 하여도

자연 그대로의 사람이 되는 것이다.

다만 나는 취중의 그 흥취를 즐길 뿐

술 못 마시는 속물들을 위해 아예 그 참 맛을 알려줄 생각이 없다.

도연명이 달빛 아래 홀로 앉아 그림자와 이야기하며 고독한 심경을 드러내는 장면이 떠오른다. 자연과의 교감을 통해서 서로 하나가 되는, 혼연일체의 경지에 몰입하는 진대의 풍류가 이백에게도 같은 심정으로 표현되고 있음을 알 수 있다.

위진의 죽림칠현이나 도연명의 주광과 상통하고 있는 「월하
독작月下獨酌」의 이와 같은 심경은 노장사상의 허무적이고 낭만
적인 인생관과 우주관에 근거를 둔 '술 석 잔은 큰 도에 통하
고, 한 말이면 자연과 하나가 된다'는 도가적 원리에 연원한다.
그의 죽음에 대해서는 다만 민간에 떠도는 고사일 뿐이라 하지
만, 만년에 우저기牛渚磯(채석강)를 건널 때 술에 취한 채 달을
잡으려다 물에 빠져 죽고 말았다는 이야기가 전하니, 불행한
관운치곤 무척 낭만적이지 않은가.

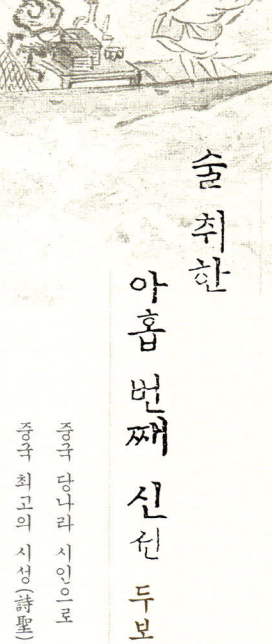

술 취한

아홉 번째 신선 두보

杜甫 / 712~70

중국 당나라 시인으로
중국 최고의 시성(詩聖)으로 불린다.
어려서부터 시를 잘 지었으나
과거에 급제하지 못하고 방랑생활을 했다.
일상에서 그때까지 알지 못했던
새로운 감동을 찾아내어 시를 지었다.
「북정(北征)」, 「추흥(秋興)」, 「병거행(兵車行)」 등
많은 시가 전해진다.

심사정, 「선유도」, 종이에 수묵담채, 27.3×40.0cm, 1764

풍족한 정신
가난한 살림

탁월하고 뛰어난 선비 가문에서 태어난 두보는 자신의 출신 배경을 훈장처럼 여겼으며 자부심이 대단하였다. 그의 시 속에서 "내 조부의 시는 제일이었다"거나 "시를 짓는 일은 우리 집안의 내력이다"라는 내용을 쉽게 찾을 수 있다.

자만에 가까운 두보의 자부심은 내력이었나 보다. 그의 할아버지인 두심언杜審言은 더했다. "나의 문장은 굴원屈原이나 송옥宋玉(초나라 때 시인들)이라 해도 나의 부하가 될 수밖에 없고, 나의 글씨는 왕희지조차 나를 향해 북면北面하고 말 것"이라고 하였으니, 오만에 가까운 태도에 질시를 받기도 하였다.

얼마나 대단한 가계家系인지 한번 살펴보자. 자부심이 크기로 두보 못지않은 그의 할아버지 두심언은 당대의 유명한 시인이었고 13대 조상으로 진대의 유명한 학자 두예杜預가 있으니, 내력 있는 가문으로 자랑 삼을 만하다. 이러한 긍지를 품고 살아서인지 두보의 어린 시절은 행복했다. 하지만 살림은 가난했으니, 옷은 몸을 다 덮지 못할 지경이요, 항상 남에게 기식하며 살았을 정도였다. 결혼하여 가정을 이룬 이후까지도 가난에서 벗어나지 못해 나이 찬 아이들은 빈궁에 시달렸고, 어린아이는 굶어죽기까지 했다.

주선과 주호의
비슷하고도 다른 삶

천재적 재능을 품고 태어난 사람들이 어려서부터 자질을 드러내듯이 두보도 예외는 아니었다. 하지만 재능과 함께 주벽도 타고나는지, 그는 열네댓 살에 이미 '주호酒豪'라 불릴 정도였는데, 술 하면 첫째로 꼽히는 이백과 앞서거니 뒤서거니 했다.

두보는 이백보다 열한 살 아래였는데, 두보가 서른세 살 때 만나 절친한 친구가 되었다. 재미있는 것은 둘이 비슷하면서도 다르고 다르면서 또한 비슷한 삶을 살았다는 것이다. 예컨대 이들의 죽음이 그렇다.

　이백이 뱃놀이를 하다가 크게 취하여 우저기에 비친 달을 잡으려다 물에 빠져 죽었다는 일화는 너무도 유명하다. 한편 두보는 뇌양耒陽을 거쳐 악사嶽祠를 유랑하다 갑작스런 홍수를 만나 위기에 처했다. 이때 두보는 열흘이나 굶주린 상태였는데, 그곳 현령인 섭씨가 두보를 구해주고 고기와 술을 대접했다. 두보는 게 눈 감추듯 급히 음식을 먹고 크게 취하였다. 그런데 그만 그날 저녁에 죽고 말았으니, 실로 황당하기 짝이 없다. 그의 나이 쉰아홉이었다. 이백이나 두보나, 평생 술과 함께 살더니 죽음의 목전까지 술의 안내를 받은 것이다. 우물가의 지혜로운 아낙네가 나그네의 급한 목마름을 염려하여 바가지에 낙엽을 띄워 그것을 불면서 마시게 했다는 이야기가 문득 떠오른다. 섭씨가 술잔에 낙엽을 띄워주는 지혜가 있었더라면 얼마나 다행스러웠을까마는 그것까지 바라는 건 염치가 없어 보인다.

　죽음은 비슷하였으나 결혼생활은 서로 많이 달랐다.

　이백이 스물일곱 살에 허허사라는 술친구의 딸과 결혼하였으나 부인은 술 마시는 것을 극도로 싫어했다. 사실 딸이 좋아서라기보다 술친구가 좋아서 결혼했다고 해도 틀리지 않는 말일 게다. 워낙 호방하고 자유분방한 성격인 데다가 얽매이는 것을 싫어했고 타고난 방랑벽이 있어서인지, 아니면 부인의 바가지 때문이었는지 홀연히 가정을 버리고 방랑하기를 몇 십년……. 그렇게 이백은 인생의 대부분을 홀로 지냈다. 그의 시에 고독의 그림자가 드리워져 있는 건 마주하는 인정이 없었기 때문이 아니었을까…….

두보는 이백과는 판이하게 달랐다. 다정하고 정이 깊어 따뜻한 인간미가 흘렀다. 시에서 드러나는 부인과 아이들을 생각하는 마음이 차라리 위대해보이기까지 한다.

오늘 밤 부주의 달을 그 사람은 홀로 보고 있겠지.

멀리 떨어져 있는 아이들을 생각하건대,

그들은 아직 어려서 엄마가 장안을 그리워하는 것을 알지 못할 게야.

아, 그 삼단 같은 머리칼은 안개에 젖고,

옥 같은 팔뚝은 달빛에 차가울 텐데.

아, 언제쯤 두 사람이 서로 만나 부드러운 휘장에 기대어 앉아,

달빛에 우리들의 눈물 흔적을 비추어 말려 주게 되려나.

술을 좋아하고 거리낌 없이 호방하고 자유로웠던 사람들에

게서는 매우 찾아보기 힘든 정서이다. 두보는 이 시「월야月夜」에서 부인이 겪을 고통과 슬픔을 걱정하는 지아비로서 애정과 사랑을 고스란히 녹여냈다. 부인뿐 아니라 아이들에 대한 그리움이 담뿍 배어 있는 이 시는 그가 안녹산의 무리에게 포로로 잡혀 장안에 갇혀 있을 때 부주에 남아 있는 가족들을 생각하면서 지은 시였다. "그들은 아직 어려서 엄마가 장안을 그리워하는 것을 알지 못하겠지"라는 구절에서는 부부간의 정이 절절하게 느껴진다.

가정에 대한 마음은 이처럼 판이하게 달랐지만 두 사람 모두 술에 미친 주선酒仙(이백)이고 주호酒豪(두보)이다 보니 술로써 시를 짓는 점은 닮은꼴이다.

또 이백처럼 두보 역시 도교에 심취하여 협객을 흠모하였으니, 이 점도 비슷하다. 두보도 이백처럼 사방을 유랑하는 가운데 생을 마쳤으니 그 불행한 운까지 비슷하다.

'술 취한 신선 여덟'
「음중팔선가」

두보가 지은 시 '술 취한 신선 여덟'이라는「음중팔선가飮中八仙

歌」에는 성당盛唐 때에 술로써 이름을 날렸던 사람들의 기이함이 묘사돼 있다. '선仙'이라는 것은 무엇을 말하는가. 그야말로 인간을 초월한 신선 혹은 도인 같은 사람이 아니겠는가. 시에서 읊고 있는 여덟 명을 선이라고 했지만 실상 그 자신 두보까지 넣어야 하지 않을까 싶다.

하지장의 말 탄 모습은 배를 탄 듯하고,

눈 어른거려 우물에 떨어져서는 물 바닥에서 잠들었지.

여양왕은 술 서 말은 마셔야 조정에 들고,

길에서 누룩 실은 수레 만나면 입에 침 흘리며,

주천으로 전임되지 못한 것을 한탄한다네.

이좌상은 날마다 주흥에 일만 금을 쓰는데,

마치 큰 고래가 모든 바닷물을 들이키듯 술 마시며,

잔 머금고 성인 즐기며 세상의 현인이라 한다네.

최종지는 말쑥한 미남자인데,

술잔 들고 흰 눈으로 푸른 하늘 쳐다보면,

아름다운 옥나무가 바람 앞에 흔들리는 듯하네.

소진은 항상 수놓은 불상 앞에 재계하면서,

취하기만 하면 종종 참선에서 도피하기를 좋아하였네.

이백은 술 한 말에 시 백 편을 짓고,

장안 저잣거리의 술집에서 잠을 잤으며,

천자가 불러도 배에 오르지 않고,

스스로 일컫기를 나는 술의 신선이라 했다네.

장욱은 석 잔 술에 초서의 성인이 되며,

왕공들 앞에서 모자 벗고 머리카락으로 휘두르는,

일필휘지가 종이 위에 떨어지니 한 줄기 연기 같았네.

초수는 닷 말은 마셔야 신명이 나는데,

고상한 이야기 씩씩한 말솜씨로 모든 사람을 놀라게 한다네.

두보가 시에서 말한 것처럼 하지장賀知章은 항상 술에 취하여 말을 타면 배에 탄 것처럼 흔들리고 취기에 눈이 몽롱해져서 우물가에 떨어져도 물속에서 그대로 잠을 잘 지경이었다. 여양왕汝陽王 이진李璡은 매일 술을 마셨으며 서 말 술을 마신 후에야 조정에 출사하였다. 그만큼 술을 좋아하여 심지어는 길에서 누룩을 실은 수레만 보아도 입에서 침을 질질 흘릴 지경이었으니 주천으로 부임치 못한 것이 마음에 한이 되었으리라. 좌승상 이적지李適之는 호사하는 사람으로서 매일 연악宴樂의 흥취에 잠겨 그 비용이 만금씩이나 되었고, 술을 마시는 품새가 마치 큰 고래가 일백 냇물을 둘러 마시듯 하였다. 재상을 그만 두었을 때 지은 시에도 현인이 되는 것을 피하고, 현인이라고 하는 청주 술잔을 입에 물고 성인의 도를 즐긴다고 했다. 최종지催宗之는 인품이 깨끗하고 풍류 넘치는 미소년이었는데, 잔을 들고 백안으로 푸른 하늘을 바라보며 세상의 모든 속인들을 멸시하였다. 그 풍신은 희고 조촐하기가 옥으로 빚은 나무가 바람에 흔들리는 모양과도 같았다. 소진蘇晉은 불도에 들어서 호승胡僧으로부터 받은 수를 놓아 만든 불상을 섬겼는데, 평소에는 계율을 잘 지켰으나 술에 취하면 세속의 번잡한 것에서 벗어나 선의 경지에 들기를 좋아하였다. 이백은 술을 목숨과 같이 여겼는데, 술이 있어야만 좋은 시를 쓸 수가 있었다. 한 말 술을 마시면 시 백 편을 지었고, 어느 때는 장안의 술집에서 취해 잠이 들었는데 천자께서 유선遊船에 불러도 배에 오르지 못하고 스스로 일컫기를 신은 주중선이라고 하였다는 것이다. 장욱張旭은 석 잔 술을 마신 후에야 붓을 들어 글씨를 쓰는데 초서의 명인이라. 그는 예의 같은 것을 대수로이 여기지 않았으니, 왕 앞이나 귀인의 앞에서도 관을 벗어 던져버리고 맨머리를 드러낸 채 미친 듯이 소리를 지르고 붓을 휘둘러 종이 위에 떨치면 구름이 날고 연기가 움직이는 것 같은 기세가 초서가 되었다. 초

수焦遂는 말더듬이 심해서 말을 잘 못하였으나 닷 말의 술을 마시면 영웅의 기색이 살아나서 고상하고 오묘한 말솜씨로 술자리에 있는 사람들을 놀라게 하였다.

이렇듯「음중팔선가」에 등장하는 여덟 명의 주중 선인들의 모습에는 친자연적이면서 초속적인 의식과 낭만적인 풍류의식 등이 다양하게 묘사되어 있다.

그들의 괴이하고 일탈적인 행동, 파격적인 행동들, 광기 등은 보통 사람들의 눈에는 그저 미친 짓으로 보일 수도 있다. 그러나 일상적 범주를 벗어난 이들의 벽과도 같은 몰입은 극단적인 풍류의식과 탈세속적인 처사處士다움에서 비롯된 도선적인 성향이 짙어 보인다.

밥을 먹을 때마다 임금을 생각했다는 두보 역시 이러한 맥락에서 이해된다. 잦은 난리 속에서도 절조를 지켰으며 스스로 더럽힘이 없었던 두보의 시정 속에는 늘 임금을 잊지 않는 애상함이 있었다.

"바닷물을 구경해본 사람은 어지간한 물에는 감동을 받지 않는 법이다"라는 말이 있다. 이백과 두보의 문에 들어서보면 어지간한 시에는 성이 차지 않음을 두고 한 말이다.

술에 취해

자연의 화풍을 완성하다

중국의 옛 화가들

머리채를 먹물에 적시다 _장욱

장군의 검무를 보고 크게 깨닫다 _오도자

폭풍이 하늘을 휘몰아치듯 _장조

먹을 쏟아 붓듯이 뿌린 후에야 _왕묵

감필묘의 멋 _양해

술 취해 임금 앞에 선 화가 _오위

제 머리를 도끼로 찍다 _서위

몰락한 왕족 후손의 끝없는 고독 _팔대산인

머리채를

먹물에 적시다

장욱 一張旭一 생몰연대 미상

중국 당나라의 서예가로,
음중팔선의 한 사람이다.
초서에 뛰어나 초성이라 불렸으며
왕희지를 인정하지 않아
그의 서체를 광초라 칭한다.
술에 취해 글씨를 쓰곤 했으며
술 취한 후 벌인 기행이 유명하다.

장욱, 「고시사첩」의 초서, 당나라

붓을 들면
광초가 되는 서예가

두보는 말하지 않던가. 장욱은 예의 같은 것을 아예 대수롭지 않게 여기고 왕이나 귀인의 앞에서도 관을 벗어 던져버리고 맨 머리를 드러내는 위인이라고. 물론 붓을 들 때에만. 그러고는 아무 거리낌 없이 미친 듯이 소리를 지르고 붓을 휘둘러 종이 위에 떨치면 구름이 날고 연기가 움직이는, 자유분방한 광초狂草가 되었다 하니, 묘하다.

에너지가 전이되는 걸까. 몸속에서 잠자고 있던 광질이 자극된다. 가슴이 울렁거리고 몸에 열이 오르는 증상, 열정이다.

장욱은 술을 몹시 좋아하여 크게 취하면 취흥이 솟아올라 붓을 잡았다. 워낙에 얽매이기 싫어하는 광일함을 품었던 그. 붓조차도 번잡스럽게 느껴졌을까. 취흥에 고조되면 머리채를 먹물에 적셔서 한바탕 글씨를 썼다. 그의 이 광기 넘치는 취태에서 벌이는 창작 행위가 참으로 괴이하고 미친 듯이 보였을 게 뻔하다. 때문에 사람들은 그를 '장전張顚', 즉 미치광이라고 부르기도 했다.

그는 석 잔 술에 초서의 성인으로 분했고, 술에 취한 후 벌인 그의 도발적이고 극적인 제작 태도는 그야말로 스스로도 꾕질이라고 여길 만큼 격정적인 에너지와 열정의 향연이었다. 이렇듯 대취한 후에 필을 가한 그의 글씨는 신묘했다. 당시 현달한 자들은 모두 그를 마음을 다해 사모하였으니, 어떤 이는 그를 하루라도 보지 않으면 비루해지고 인색해진다고 할 정도였다. 매번 취한 후에 흥이 오르면 자기 멋대로 글을 썼는데, 그 붓이 끊이지 않고 이어나갔으니 모두에게 볼 만한 것이었다. 어려서부터 문사로 이름이 알려진 기인인데다 성품 또한 재치 있고 우스갯소리도 잘하는 인물이자 도사였다 한다.

초서草書에 너무도 뛰어나 '초성草聖'이라 불린 장욱. 그의 글씨가 씌인 『초서고시사첩草書古詩四帖』에서는 얼핏 보아도 필의 형세에서 광속한 자유분방함이 풍긴다. 필세는 끊이지 않고,

장욱, 「고시사첩」의 일부, 당나라

필의는 초연하고 대범해서 힘찬 생명력이 느껴진다. 사람들이 그리 불렀듯이 '광초狂草'의 힘이다. 『초서고시사첩』에서 보이는 광초의 특징은 단연 날아오르는 듯한 형상에 있다.

그림과 더불어서 글씨에서도 이러한 필세는 먼저 마음에 의경이 있은 후에야 가능한 일이다. 그래야만 속도감 있게 일필휘지로 쓰는 신기가 발휘된다.

초서는 전서篆書나 예서隸書 등의 글자와는 구성 방식이 확연히 구분된다. 결구結構나 용필用筆이 상당히 자유롭고 변화가 풍부하다. 예를 들면 글자 모양이 한쪽으로 기운 듯하고 글자 크기가 불규칙한 점 등은 기존의 전통 방식을 거부한 부분이다. 이러한 점에서 크게 취한 후에야 그림을 그리는 화가들이 대부분 전통을 거부한 성향과 일치한다.

이와 같은 창작 태도와 의식은 당을 넘어서 송과 명, 청으로까지 이어진다. 창작 정신은 후대로 갈수록 개인적 성향이 짙어지고 기이하게 사는 인생으로 확대되면서 더욱 내면의 울림에 진지하게 귀 기울이는 작품을 탄생시키기에 이른다.

장군의 검무를 보고

크게 깨닫다 오도자 一吳道子 700~60 추정

중국 당나라의 화가로
지방의 낮은 벼슬아치였으나
현종(玄宗)에게 인정받아 궁정화가가 되었으며,
현종이 이름을 「도현(道玄)」이라 고쳐주었다 한다.
불화와 산수화로는 당대 최고로 꼽혔으며
준법을 창안하여 이후 동양의 화가들에게
크게 영향을 미쳤다.

전 오도자, 「마포보살상도」, 종이에 수묵, 당나라

몰입의 경지에서
벌이는 기행

문인들에게 영향을 끼친 당대唐代의 음주 문화는 화가들도 벗어날 수 없는 환경이었다. 이런 것이 바로 시대양식이다. 양식이란 개인적인 환경인 동시에 문화적인 현상이기도 해서 예술가들은 지각의 한계를 느끼기도 하지만 대개 시대적인 양식의 관습을 따른다.

우리에겐 조금 낯선 화가일지 모르지만, 당나라에서 불화와 산수화에 있어서 으뜸으로 일컬어지는 오도자 역시 당대의 음주 문화에서 한 자리 차지한 인물이다. 그는 술을 무진장 좋아한 주광한 자요, 주벽을 가진 이였다. 의기意氣를 세우고 그림을 그리고자 할 때는 반드시 술에 취했다. 그가 술을 마신 후 어떻게 그림을 그렸는지 보자.

술을 마시고 한층 고조된 감흥과 흥취로 장안의 분위기를 돋운다. 둥! 둥! 둥! 북 소리가 울리자 군중이 서서히 몰려들고, 어른 아이 할 것 없고 세도가나 평민 할 것 없이 담처럼 그를 에워싸니 신이 나고 흥이 난다. 몇 폭의 비단을 땅에 깔고 먹물을 갈아놓고 또 여러 가지 붓을 준비해서 물감 그릇마다 담가놓은 후, 수십 명을 동원해 피리를 불고 북을 두드리게 하며 백 사람에게 소리를 지르게 한다.

취흥에 고무된 오도자가 비단 저고리와 비단 모자를 쓴 채 열화와 같은 환호성과 함께 등장하더니, 비단 폭 위로 뛰어다니면서 먹물을 그 위에 힘차게 뿌리고 나서 여러 가지 물감을 붓는다. 그때 기다란 천을 먹과 물감 위에 놓게 하고는 사람들을 그 위에 앉혀 누르게 한다. 천을 끌어 잡아당기며 정신없이 돈다. 여기까지만 관중을 참여시킨 후 작가는 약간의 필을 가하기 시작한다. 대강의 형세를 찾아가더니 산수가 되고 바위가 되고 구름이 된다. 완전한 몰입의 경지에서 얻어지는 산물의 전형이다.

구체적인 행동은 제각각이겠으나 창작할 때 벌이는 기행적인 행위는 오도자뿐만 아니라 술에 취한 후에 그림을 그린 화가들이 공통적으로 보인 태도이다. 이는 문인들의 경우도 마찬가지였으니 동시대의 시대적인 양식인 셈이다.

대체로 오도자를 비롯하여 뒤이어 이야기될 왕묵 · 장조 · 장욱 · 양해 · 서위 · 팔대산인 등이 이러한 유형에 속하는 화가이다. 물론 이러한 양상은 당대 이전에도 있었지만 이 시절에 가장 널리 유행되었다. 이후 청대에 이르기까지 호방하고 개방적이며 자유로운 정신이 이어졌다. 물론 각 시대가 처한 환경에 따라 화법의 변화가 있었으나 기본 정신은 같다.

신대의 주광한 예술가들로부터 영향 받은 태도

오도자는 어려서는 너무 고빈孤貧하여 민간 화공으로 떠돌이 생활을 하였으나 중년에 현종의 지우知遇를 받으면서 벼슬이 내교박사에 이르렀다. 초서로 이름난 장욱과 하지장에게서 글씨를 배웠지만 글씨 쓰기는 제대로 되지 않았던 모양이다. 그래서 글씨 대신 그림 수업을 받게 되었다.

처음에는 양梁의 장승요를 사숙하였다고 전해지는데, 장승요는 그 화법이 겨우 한두 필로 형상을 이루는 간소체簡疎體의 그림을 그린 화가이니, 그의 그림 또한 간소체라 할 수 있다. 예를 들면 가릉강 3백 여 리의 산수벽화를 하루 만에 그 묘를 다 했다는 일화는 그 운필이 몹시 빠르고 간략하였음을 시사한다. 이는 처음에 이야기했던 술에 취한 연후에 감흥의 고조, 즉 의意와 기氣가 충만해진 때를 기다려 빠른 시간에 즉흥적이고 직관적인 그림을 그렸던 사실과 맥을 같이 한다.

어쨌든 오도자가 이와 같은 그림을 그릴 수 있게 된 데에는 장승요張僧繇의 영향과 당시 초서의 대가인 장욱과 하지장의 서법을 배운 배경이 있었다. 오도자가 그림을 그릴 때 취한 태도에는 이 같은 인물들이 끼친 영향이 지대했다. 특히 그는 일찍이 고씨라고 하는 화가와 왕묵의 제작 태도를 보아왔던 터라, 이들과 제작 태도가 상당히 흡사하다. 이 두 화가의 영향도 상당함을 알 수 있다.

검무에서
깨달음을 얻다

개원開元 연간에 오도자가 배민이라고 하는 장군의 검무, 이른

전 오도자, 「마포보살상도」, 종이에 수묵, 당나라

바 칼춤을 보게 되었다. 칼춤은 완전히 몰입하지 않고는 출 수 없는 춤이다. 어깨 위로, 좌우로 쉴 새 없이 돌려대고 흔드는 위험천만의 춤이어서 고도의 집중을 요한다. 웬만해서는 흉내 내기조차 어려운 이 검무를 추면서 신명을 내기란, 아무나 할 수 있는 일이 아니다. 물아物我의 경지! 곧 도의 경지에 다다랐기 때문이 아니겠는가.

오도자는 여기서 깨달음을 얻는다. 칼과 춤이 혼연일체가 되어 뿜어내는 열기에 아, 하고 무릎을 치며 크게 깨달아 일가一家를 이루었다. 장욱도 검무를 보고 기운을 얻어 초서를 잘 했다 하고, 두보도 여섯 살에 검무를 보고 크게 감동하였던 경험을 성인이 되어서도 잊지 못해 시를 지었다 하니, 기회가 되면 꼭 한번 직접 보아야겠다.

검무에서 깨달음을 얻고 붓으로 그 재능을 빛낸 오도자는 인물·귀신·새와 동물·초목·대각·산수 등 못 그리는 것이 없었고, 특히 불화와 도석화道釋畵에 뛰어난 기량을 보였다. 대체로 벽화를 많이 그렸기 때문에 수많은 일화들에 비해 남아 있는 작품이 거의 없다.

지옥이 아닌 변상으로 표현한
오도자의 지옥변상도

옛날에 글을 모르는 일반 대중들을 위해서 어려운 불경의 내용을 알기 쉽게 그린 그림이 있었는데 이를 '변상'이라 했다. 오도자의 「지옥변상도地獄變相圖」는 이런 목적으로 그려진 그림이다. 살아생전에 나쁜 짓을 많이 하면 경전에서 말하는 지옥으로 가게 되는데, 그 참혹하고 끔찍한 지옥의 모습을 경계로 삼아 중생들을 제도하려 했던 데서 지옥변상도가 그려졌다.

여담이지만 사찰에 가면 지장전이라는 건물을 볼 수 있다. 그 안의 벽면에 여러 장면의 지옥 모습이 생생하다. 또 지장보살도도 걸려 있는데, 보통 지장보살은 죽음세계를 관장한다. 중생이 죽어서 극락으로 갈지 지옥으로 갈지는 순전히 이 분의 판단에 따라 결정된다. 판관 지장보살. 그러니 선하게 좋은 일 많이 하면서 살 일이다. 지옥과 천당의 중간에 계시니 싫든 좋든 한 번은 만나겠다.

오도자는 「지옥변상도」를 끔찍하고 참혹한 지옥의 모습으로 그리지 않았다. 대신 변상이 음상하고 기괴하여 보는 사람으로 하여금 머리털이 서게 한다. 사실 감상자 모두가 그림을 보고 객관화된 감정을 느끼기란 무리가 있다. 하지만 우리가 작가의 삶이나 그의 창작의식 혹은 그림을 그리게 된 동기 등 약간의 배경 지식을 갖고 있다면 어느 정도 객관화된 감동을 느낄 수 있다.

문헌에서 전하는 오도자의 기광할 정도의 일화나 그의 의식세계를 알고 그림을 보면, 대상의 본질을 꿰뚫어보고 형상에 표현했음을 알 수 있다. 그러지 않고서야 어찌 아무도 보지 못했고 가보지도 못한 지옥의 형상을 만들어낼 수 있으며 기이함을 느끼게 하여 감동을 주겠는가. 깨달음의 경지가 있어야 감동도 줄 수 있는 것이다. 한 예로 오도자의 지옥변상 그림을 본 백정과 생선장수들은 자신들의 죄에 크게 겁을 먹고 모두 직업까지 바꾸었다는 일화가 이를 뒷받침해준다.

오도자의 「지옥변상도」를 보면 가운데 기괴하게 생긴 나무를 주축으로 무섭게 생긴 역사가 거친 동작을 취하고 있다. 금방이라도 달려들 기세로 손에는 긴 창을 들고서 빙 둘러 날아오르는 듯하다. 변화가 많고 동세가 강하여 분방한 활력이 느껴진다. 오도자만의 선묘 방식이다. 이것을 보통 난엽묘蘭葉描라고 하는데 선이 굵고 힘차며 비수肥瘦가 잘 표현되었다.

이 그림은 수묵으로 그려졌는데, 붓을 들기 전에 술을 마셔

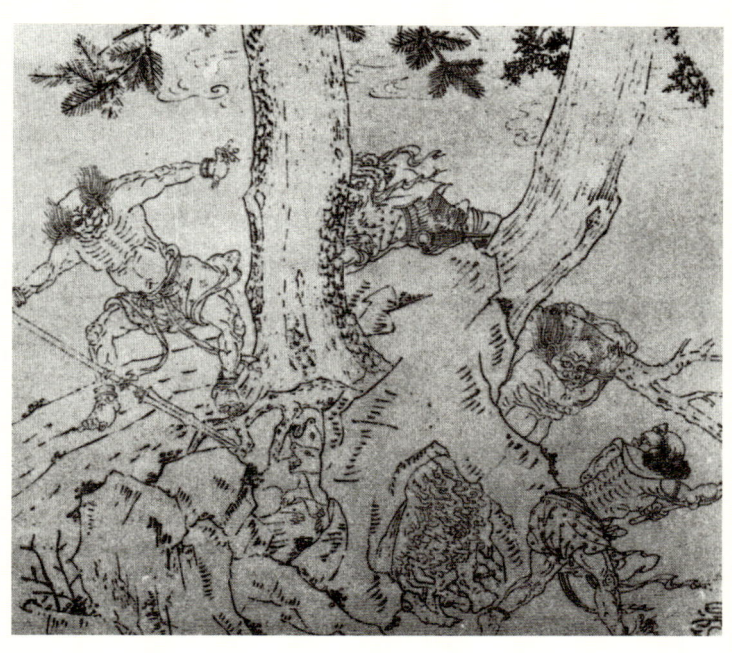

오도자, 「지옥변상도」, 벽화, 당나라

감흥을 얻고 의와 기가 충만해진 경지에 이르면, 즉 분방하고 자유로운 상태에 이르면 즉흥적이고 파격적인 그림이 가능해지는 데 수묵화의 장점이 있다. 특히 도석화류에서 수묵이 대부분 매재로 사용된다 함은 시사하는 바가 크다.

오도자는 사찰과 도교사원 등에 이러한 작품을 3백 여 점 이상의 벽화를 그렸다. 그가 벽화를 그리니 어른 아이 할 것 없이 담처럼 그를 에워싸 무대가 순식간에 만들어지는구나! 신명나게 춤추며 흥을 내보잔다.

폭풍이 하늘을
휘몰아치듯

장조 | 張燦 | 8세기 중반~8세기 말경

벼슬은 검사부원외랑, 영철판관, 형주사마, 충주사마를 지냈다.

흔희 장조원외로 불린다.

글을 잘하고 팔분(八分)에 능하며 산수를 잘 그려 삼절의 칭이 있었는데,

특히 소나무는 고금의 특출이라 일컬어졌다.

독필(禿筆)을 쓰거나 손바닥으로 그리는 특이한 화법을 사용하였다 한다.

장조, 「송백도」, 비단에 수묵, 8세기, 스탠퍼드 대학 소장

신명나는
그림 한 판

장조는 당의 대종조와 덕종조(780~804)에 걸쳐서 활약한 일품 산수화가이다. 중국의 태고적부터 활동한 화가들 371명의 전기와 회화 전반에 걸친 자료와 글들을 쓴『역대명화기歷代名畵記』의 저자인 장언원張彦遠의 종족이었던 장조는 그의 집에 머무는 일이 많았다. 장언원의 집에 장조의 그림이 많은 까닭은 그 때문이다.

　머릿속으로나마 장조가 그림 그리는 현장으로 가보자.

　먼저 그림을 그리기 전에 심호흡을 한다. 쭉 다리를 뻗고 앉아 기를 고무시킨 다음에 마치 번개가 허공을 치고 무서운 폭

풍이 하늘을 휘몰아치듯이 그렇게 붓을 휘날리고 먹을 뿜으면서 그린다.

물론 가장 먼저 할 일은 술에 취해서 감흥을 고조시키는 일이다. 그래야 흥이 나서 몰입할 수 있다. 계속 웃고 노래하며 그림을 그린다. 비단 위에 먹을 뿌리고는 발로 차기도 한다. 또 손으로 비벼대기도 하면서 붓을 휘두르다 혹은 문지르다가 절정에 이른 어느 한순간에 능란한 필획들로 얼룩을 산수로 바꾸어버린다.

장조가 그림을 그리는 과정을 보면 행위 자체에서 즐거움이 묻어난다. 또한 장조는 양손에 하나씩 붓을 잡고 동시에 그림을 그려 나가는 기이한 행위를 선보이곤 했는데. 한 붓으로는 살아 있는 가지를 또 한 붓으로는 죽은 가지를 그려내는 유희적 용필用筆에도 능했다.

그러나 무엇보다 끝이 모지라진 붓을 사용했을 뿐 아니라 손바닥에 먹이나 안료를 묻혀 연기나 비, 나무와 돌을 표현하는 제작 방식을 취한 것이 장조만의 독특한 개성이라 할 수 있다. 붓끝이 뭉뚝한, 모지라진 붓의 독필禿筆과 손바닥을 이용해서 그림을 그리면 당연히 그림이 조방해질 수밖에 없다. 당연히 섬세하게 대상을 묘사하는 그림 방법으로는 부적합한 것이다.

그렇기 때문에 이러한 방법으로 그려져 기이한 모습을 하게 된 산수에는 "격렬한 감정이 가슴속에 가득하여 필묵으로 신기神氣를 신속하고 간략하게 풀어냈다"(주경현朱景玄, 『당조명화록唐朝名畵錄』)는 의미가 내재되어 있다고 보는 것이다.

기교를 능가한
도의 경지

그와 동시대인이었던 부재符載는 장조가 그림 그리는 현장을 지켜본 감동을 전한다.

어느 해 가을 육풍陸灃이라는 이가 선비들을 위하여 연회를 베풀었다. 그때 그곳에 있던 장조가 홀연히 화상이 떠오름을 느끼고 흰색의 비단을 청하였다. 그는 먼저 그림을 그리기 전에 다리를 뻗고 앉아 심호흡을 하고 차츰 신기가 차오르자 격하게 제작에 들어갔다. 먹을 날리면 분출되어 부서지듯 흩어지고 손바닥은 파열될 듯 섞이고 합해지더니 문득 괴이한 형상이 드러난다.

부재는 장조의 예술을 '그림이 아니라 바로 도 자체이다'라

장조, 「송백도」, 비단에 수묵, 8세기

며 이미 단순한 기교를 능가했다고 말한다. 이는 장조의 뜻이 사물의 현묘한 신비에 도달하였음을 의미하고, 그 사물들은 자연적인 눈과 귀에 놓여 있지 않음을 지적하는 것이다. 그것은 마음에 있었다. 마음속에서 그들을 터득하였기에 손으로 그려 응할 수 있었던 것이다. 이는 정통적 회화관으로 본다면 이미 본법을 떠나 있어 그림이 아니었지만, 새로운 시각으로 보면 참다운 도가 아닌가 싶다.

미술사에서는 무엇보다 회화의 실물이 가장 중요하지만 안타깝게도 이 시기에 전해지는 그의 그림이 없다. 심지어 모본조차도 전해지는 것이 없고 다만 문헌들에 의해 소나무와 바위, 산수 그림을 많이 그렸다고 기록되어 있을 뿐이니 그저 그의 화풍을 짐작할 뿐이다.

장조의 작품으로 추정되는 「송백도松柏圖」는 파편의 일부에 지나지 않지만 특유한 독필의 흔적들이 보인다. 몸통이 거친 소나무에서는 힘찬 붓놀림이 느껴지고 뒤틀려 꼬여 있는 가지의 모양이 기이한 형상으로 표현되어 있다.

하지만 이 그림 하나만으로 장조의 작품성을 파악하기엔 좀 유감스러운 면이 있다. 아무리 파편의 일부라 해도 일화로 전해지는 것만큼의 숙련된 필묵으로는 부족해 보이기 때문이다.

이 그림에서 신기 넘치는 속필의 간략함을 간취한다면 솔직히 억지스럽다. 그래서 나름대로 추정해보건대 그의 초년시절의 그림이 아니었을까 싶다. 물론 이 작품이 진짜 그의 작품이라면 말이다.

먹을 쏟아 붓듯이
뿌린 후에야

왕묵 一王墨一 ?~804 추정

중국 당나라 때의 수묵 화가로, 왕흡(王洽)으로도 불리나 이름이 명확히 전해지진 않는다.

훗날 발묵법(潑墨法)의 시조로 송대(宋代)에 높이 평가되었다.

이경윤, 「관월도」, 종이에 수묵, 44.3×23.8cm, 16세기 말엽, 서울대박물관 소장

묵을 발하여 그려
왕묵이라 불린 사람

중당中唐 때 활동한 왕묵은 성품이 매우 호탕한 화가였다. 역시
나 술을 좋아하여 그림을 그릴 때는 언제나 술을 마시고 나서
야 그렸다. 아니, 술에 취해야만 그림을 그렸다는 편이 맞겠다.

주경현이 쓴 당나라 때의 화가들의 전기 『당조명화록』에 왕
묵에 대해 이렇게 씌어 있다.

왕묵은 어느 곳 사람인지 알 수 없고 이름도 역시 알 수 없다. 즐겨
묵墨을 발撥하여 산수를 그리므로 시인이 그를 왕묵이라 부를 뿐이
다. 강호 간에 유遊하는 일이 많고 산수 · 송석 · 잡수를 그리는데, 성

격이 소야疏野하고 술을 즐기어, 무릇 그림을 그리려면 먼저 마시고 훈감醺酣한 후에야 곧 묵으로 발한다.

혹은 웃고 혹은 읊조리며 다리를 구부려 손으로 문지르고 혹은 휘두르고 혹은 쓸며, 혹은 담淡하게 혹은 농濃하게, 그 형상에 따라 산과 돌과 구름과 물을 이룬다. 뜻이 손에 응하여 따르니 홀연히 조화와 같아지며, 운하를 나타내고 풍우를 염성하는 것이야말로 마치 신교神巧와 같다. 부관俯觀하더라도 그 묵오墨汚의 흔적을 볼 수 없으니, 모두 이르기를 기이하다고 한다.

왕묵의 파행적이고 기괴한 방식은 발묵潑墨에서 득의를 얻은 지라 그를 '왕발묵'이라 부르기도 했다.

또, 장언원의 『역대명화기』에는 이렇게 씌어 있다.

왕묵은 정용을 스승으로 하였다. 바람에 미치고 술에 미친 주광이며 송석산수를 잘 그렸다. 기이함의 높음은 부족하지만 유속은 좋아했고, 취한 연후에 머리카락으로 먹을 묻혀 그림을 그리는데, 일찍이 정광 문건에게서 받았다.

정원년貞元年 윤주潤州에서 죽어, 그 관을 들어보니 속이 빈 것처럼 가벼웠다. 시인들은 이를 두고 '화化하여 거去했다'는 말들을 하였다.

그는 평생에 기이한 일들이 많았다. 한번은 고형(장언원)이 신정지 감新亭知監으로 있을 때, 왕묵이 바다 가운데 도읍 돌아보길 청하여서 그 연유를 물으니 해중의 산수를 보기 원하기 때문이라. 반년에 관직을 그만두고 깨달음을 위해 길을 떠나니 이후에는 붓 끝에 기취奇趣가 가득했다.

두 글 모두 왕묵의 그림 제작 태도와 발묵 기법에 대해 전하고 있다. 왕묵은 먼저 먹물을 뿌려놓는 독특한 기법으로 그림을 그렸다. 그렇기 때문에 화면의 커다란 모양새는 처음 한 번의 발묵으로 정해지게 된다. 물론 이 한 번의 발묵으로 그림이 완성되는 것은 아니다. 여기에 적당한 붓질을 가해서 그림이 완성되므로, 온갖 형상의 이미지는 묵이 확산되는 과정에서 나무가 되고 돌이 되며 구름이 되어 점차적으로 산수가 되는 것이다.

그런데 앞에서 이야기 한 장조의 경우처럼 사실 이런 식으로 그리는 그림이 정통적인 화법은 아니다. 현저하게 변형되고 왜곡되거나 간략화 되어서 본인 이외에는 사실상 알아보기 힘든 부정형의 산물이다. 그나마 여기에 필을 가해서 먹의 확산이 우연하게 만든 형상을 살리다 보니, 전통적 화법처럼 정확한

윤곽으로 세세하게 묘사하는 것은 아니지만 산수화의 형상을 갖추게 되는 것이다. 하지만 손으로 문지르거나 쓸거나 휘두르는 등의 분방한 제작 태도로 인해 몹시 조방해져서 기존의 붓에 의한 필법 개념과는 더욱 멀어진다. 정통 화단에서 이를 그림이 아니라고 보는 이유는 이렇듯 필의 종적이 없기 때문이다. 장언원은 이러한 이유를 들어 왕묵의 발묵 산수를 그림이 아니라고 반박하기도 했던 것이다.

발묵을 정립시킨 3인

그런데 왕묵은 어떻게 이와 같은 발묵의 기법을 정립시킬 수 있었을까. 정건과 항용에게 배웠다는 기록을 찾아볼 수 있는데, 이 점에서 두 사람의 영향을 받았으리라 생각된다.

정건은 시詩로는 왕유에 미치지 못했지만 시 짓기를 좋아하였고 글씨로는 당대에 아주 이름난 사람이었다. 또 거문고와 술을 좋아하였으니 이백과 두보 등의 문인과 시주詩酒를 나누는 아주 가까운 벗이기도 했다. 두 사람은 정건을 정광문鄭廣文이라 부르기도 하여 두터운 친분을 과시하기도 하는데, 여기 두보가 정건에게 증정한 시가 있다.

재주와 명성이 40년이 되건만
힘없는 이 나그네 담요 한 장 없소이다.
오직 소사업 그분이 있음으로 해서
때때로 우리 술값을 전해주네.

게다가 정건은 산수화에 아주 뛰어나 일찍이 현종에게 그림을 받치기도 하여 '정건삼절鄭虔三絶'이라는 글씨를 답례로 받기도 하였다. '남이 그린 산수화를 칭찬하여 이르는 말'이라는 뜻으로 널리 쓰이게 된 이 말에서 알 수 있듯이 정건은 시서화의 세 가지 예술에서 두루 뛰어났다. 그는 담채의 묘를 얻어 요묵饒墨, 즉 발묵처럼 먹을 넉넉히 써서 그림을 그렸다. 정용은「필법기筆法記」에 "용묵에는 홀로 현문玄門을 얻고 용필에는 전혀 골骨이 없다. 그러나 방일한 중에도 진원眞元의 기상을 잃지 않고 있다"고 하여 묵을 중심으로 방일한 그림을 그렸음을 추측케 한다.

이로써 3인, 그러니까 왕묵과 정건·항용 모두가 방일한 수묵화 기법을 진일보시킬 수 있었는데, 이들은 발묵 기법의 화

풍을 가진 자들이었으며 필을 부정한 화가들이였다. 특이한 건
단지 왕묵만이 기이한 제작 태도를 보였다는 점이다.

감필묘의 멋

양해 |梁楷| 생몰연대 미상

중국 남송 때의 화가로 궁정 화원으로 활동했다. 백묘화(白描化)한 감필묘법(減筆描法)을 창안하는 업적을 남겼다.

탐복할 정도로 정밀한 그림 「설경산수도(雪景山水圖)」·「출산석가도(出山釋迦圖)」 등이 있다 하나 전해지지 않으며, 감필 묘법으로 그린 작품으로 「이백음행도」·「조사절죽도(祖師裁竹圖)」 등이 있다.

양해, 「선현자」, 종이에 수묵, 48.7×27.6cm, 1240년경, 대만 국립고궁박물관 소장

자유를 추구한
궁정화가

우리에게도 잘 알려진 양해는 남송시대를 대표하는 궁정화가다. 그래서 궁정과 관련된 주제의 그림, 일종의 왕실을 위한 불교적 취향의 그림을 많이 그렸다. 기법 면에서는 주로 오도자나 북송시대의 문인이자 화가인 이공린李公麟처럼 먹 선만으로 표현하는 백묘화白描畵와 그의 고유 양식이라고 할 수 있는 간략하고 거칠면서 생략적인 기법을 썼다. 이밖에도 여러 작품에서 다양한 주제와 기법을 쓰며 13세기를 주도하였다.

보통 화원들은 직업화가 답게 고도의 훈련을 통해 익힌 정밀하고 숙련된 전통적인 그림을 그대로 유지했었다. 양해는 이곳에서 잘 적응했을까. 양해 같은 부류는 사회적 관습에 얽매이는 것을 싫어해서 자유롭고 방달한, 거칠고 괴팍스러운, 말 그대로 순응치 못하는 기질을 타고났으니 말이다.

이런 일이 있었다. 당시 화가에게는 최고의 명예라 하는 금대金帶를 하사 받게 된 양해. 누구라도 이를 득의양양한 자랑으로 삼을 만한 것이었는데, 양해는 그러기는커녕 금대를 도리어 화원의 벽에 걸어두고 나왔다. 대관절 왜 그런 걸까?

정확한 이유를 알 순 없지만, 단지 주광·청광했던 예술가들이 보인 공통된 성향, 즉 양해도 어디에고 얽매이기 싫어하는 자유분방한 기질의 사람들이 그랬던 것처럼 궁정에서의 화원 생활에 순응하기에는 이미 세상 밖의 자유로움을 알기에 고통스럽기만 했던 것이 아닐까. 그의 거칠고 생략이 많이 된 양식의 그림들이 바로 이와 같은 그의 성정을 잘 반영한다.

낭만과 풍류를 즐긴 양풍자의
감필 요법

술을 좋아하고 낭만과 풍류를 즐겼던 양해는 스스로를 '양풍자梁風子'라 불렀고 또한 방달불기放達不羈한 성격이었다. 한편 선승은 물론 도사 등의 방외인들과도 깊은 교유를 가졌는데, 비록 궁중 화원의 신분임에도 그의 화풍이 당시 궁중 그림을 지배했던 원체화院體畵보다 오히려 선종화禪宗畵와 가까운 것은 이 때문이다.

여기서 알 수 있는 것이 극단적으로 대조되는 화풍의 갈래이다. 하나는 화원 사람들조차도 탄복하였다는 백묘법白描法으로 그린 세밀화인 근세화謹細畵이고 다른 하나는 감필화減筆畵이다. 근세화는 간일자재間逸自在한 화풍으로 세밀의 묘가 뛰어났다 하나 작품은 남아 있지 않다. 그러나 무엇보다 양해를 대표하는 화풍은 감필묘에 있다.

감필 묘사의 간략함은 술을 마신 후에 광일한 화풍의 조방한 인물화를 그렸던 오대의 화가 석각石恪에 비견되나, 그보다는 궐두묘橛頭描를 주로 하면서 조필을 병행했다. 궐두묘의 필은 비교적 엄격한 격법을 갖추고 있어서 극도로 간략하게 묘사해도 응물상형應物象形이 크게 붕괴되지는 않는다. 선 하나하나가 모두 정밀한 자연의 대상에 대한 연구에 의거하고, 형체의 표면적인 세부를 생략하여 본질적이고 구조적인 것을 포함한 묘사이다. 따라서 깊은 사실성에 기초하되 거친 붓(粗筆)으로 자의적 생략을 했다고 할 수 있다.

만약 대상에 대한 파악이 피상적인 수준에 그쳤다면 상반되는 두 경향이 그처럼 잘 결합되지는 못했을 것이다.

양해의 감필묘는 몹시 담한 묵색과 간략화, 그리고 선화가 요구하는 표현의 절략節略에 있어서도 그렇고, 그의 화법은 선禪적인 표현과 궁정화가 특유의 기량에서 생겨났다고 해도 과언이 아니다. 화원 생활 자체는 견디지 못하고 뛰쳐나왔지만 화원을 뛰어넘는 기량만큼은 인정해야 한다.

시 읊는 이백을
감필로 그리다

양해는 화면의 구성력에서 또 다른 천재성을 보였다. 중국 궁중의 화원에서 발달한 양식인 원체화院體畵는 화면의 중심을 어떤 특정한 대상이 자리 잡지 않고 나무와 산, 물 등의 자연이 한 덩어리를 이루어 전체적으로 조화를 이루는 구성을 취한다.

말했듯이 양해는 궁정화가의 신분으로 화원의 전통이었던 이 양식을 깨버렸다. 그래서 양해의 그림은 하나의 물체가 중심을 이루고 그 외의 것이 오직 그 중심을 위한 구도로 존재한다. 이는 다른 것에는 신경 쓰지 않고 오로지 중심에 몰입하고

양해, 「이백행음도」, 종이에 수묵, 80.8×30.4cm, 남송시대(왼쪽 면)

석각, 「이조조심도(二祖調心圖)」, 종이에 수묵, 13세기

집중하는 양해 자신의 내면과도 같은 표현이 아닐까. 그의 작품 「이백행음도李白行吟圖」가 대표적이랄 수 있다.

양해는 이 그림에서 마치 흐르는 물 같은 유려한 필치로 당나라 시인 이백의 표연함과 속세를 떠나 있는 분위기를 그려냈다. 유유자적한 이백의 여유롭고 그윽한 풍모가 고요한 내면의 움직임으로 포착되어 화면의 중심으로 몰입되게 한다. 오로지 그의 눈이 따라가는대로 화면의 중심이 움직인다.

묵색의 담하고 진한 양해의 필치를 석각石恪의 조방하고 아주 거친 광란의 필선과 비교해보면 더 재미있다. 양해의 필선은 석각의 것보다 부드럽다. 두 사람의 그림 모두 조방인물화粗放人物畵에 속하는데, 조방인물화의 묘는 얼굴이 비교적 섬세한 필로 그려지고 나머지 옷이나 신발 등은 간략화 된 선으로 거칠게 그려진다는 점이다.

그런데 석각은 그 정도가 양해보다 더욱 심하다. 양해의 「이백행음도」는 조필인물화 중에서도 필선의 거침과 묵색의 유연함의 차이가 약하게 보이는 경우이다. 물론 양해와 석각 둘 다 빠른 필선과 간략화 된 필치로 통상적인 방법을 뛰어넘는 일격풍의 그림을 그리고 있는 것은 분명하다.

양해처럼 단순한 선묘로서 인물의 내적인 정신을 집중케 하는 작품이 우리에게도 있다. 김명국의 「달마도」는 어떤가. 어쩌면 양해보다 더 뛰어난 천기를 지녔을지도 모른다. 나만의 생각일런지 모르지만.

술 취해

임금 앞에 선 화가

오위 |吳偉| 1459-1508

중국 명나라의 화가다.

어린 시절을 가난하게 보내었으나

후에 그림 실력을 인정받아

헌종과 무종 때 두 번이나

궁정으로 부름을 받았다.

대진에 이어

절파양식(浙派樣式)을 완성했으나

작품성에서 아주 높은 평가를

받지는 못한다.

애주가이자 술을 마시다

생을 마감했다고 전해진다.

오위, 「어락도」, 종이에 설채, 15세기, 개인 소장

'최고의 화가'
후원자를 만나다

남송이 망하자 많은 궁정화가들이 뿔뿔이 흩어져서 강소나 절강, 복건 등지로 떠났다. 더불어 흩어지게 된 궁정 회화가 시장으로 흘러들었다. 이렇게 민간으로 퍼진 궁정 양식이 직업화가와 민간 공장工匠이 생기는 데 결정적인 역할을 하게 된다. 대진戴進과 오위가 바로 그런 예이다.

오위는 어떤 인물인가. 몹시 가난한 집에서 태어난 그는 아주 어린 나이에 아버지까지 여의어 집안의 가장 노릇을 해야만 하는 불우한 처지가 되었다. 생계를 위해 남의 집 머슴살이 하기를 몇 해, 그의 나이 열일곱이 되던 해에 드디어 그를 열렬히

지원해주는 후원자를 만나게 되니, 돛단배가 바람을 만난 격이었다. 후원자의 관심과 경제적인 지원에 힘입어 그는 일약 유명한 화가가 되었다.

여기서 잠깐, 화가와 후원자 혹은 미술과 후원자의 관계가 얼마나 중요한지 다시금 깨닫는다. 한편 그 관계 속에는 모종의 은밀한 전략이 숨겨져 있기도 하다. 순수한 후원자가 있는가 하면 정치나 권력에 이용하려는 후원자도 있으니까. 그렇지만 열악한 환경에 처한 화가가 이것을 구별하여 손을 잡기란 너무도 어려운 일이다.

오위의 경우처럼 불우한 처지에 있을 때는 사실 불가능할지도 모른다. 화가는 그러한 배후에 숨겨진 사실을 떠나 후원을 받을 수밖에 없는 경우가 많다. 화가로서의 역량을 발휘할 수 있는 발판이 되는 게 사실이니까.

어쨌든 유명해진 오위는 궁정에서 일하라는 부름을 두 번이나 받으며 '최고의 화가'라는 인장까지 받았다. 이후로 궁정에 자주 불려가 그림을 그리게 되었다.

그러나 오위는 고관들과 귀족들을 경멸하고 우습게 여겼다. 그러니 당연히 그들도 오위를 좋아했을 리가 없다. 그의 궁정에서의 생활이 얼마나 순탄치 않았을지 짐작되는 부분이다. 화가 난 그들이 마침내 오위를 궁정에서 내쫓기를 두어 번……. 이리 되기까지 술을 너무 좋아한 오위의 술버릇도 큰 몫을 했다. 술에 취하면 불같이 화를 내어 원성을 산 것이다. 뛰어난 그림 실력이 없었다면 그저 무사할 수 없었을 것이다.

이러했으니 궁정 생활을 어찌 견디랴. 드디어 오위는 마음을 굳게 먹고 최고의 화가라는 명예를 벗어던지고 스스로 궁을 떠났다. 모든 걸 버린다는 것이 두려웠으나 막상 떠나고 보니 홀가분하고 자유로웠다. 모든 예술인들이 바라는 것이 바로 이것이 아닐까 싶다.

얼마나 지났을까.

1506년 무종武宗이 즉위하여 다시 오위를 부르니, 재주가 족쇄가 된 셈이 아닌가. 왕의 부름을 받고 수도로 떠나기 전, 그는 이미 술병을 앓고 있었다. 다행인가 불행인가. 그러나 이 술

오위, 「어락도」, 종이에 설채, 15세기(위)

「어락도」 부분 상세(아래)

병으로 영영 일어나지 못하게 될 줄이야……. 그의 나이 쉰이었다. 술을 좋아한 댓가로 죽음을 좀 이르게 맞은 셈인가. 그는 영원한 자유를 찾아서 떠났다.

주광청광의 계보를 잇다

술을 매우 좋아한 오위는 술을 마시고서 그림을 그린 선대 화가들의 계보를 이은 화가다. 오위는 심지어 황제를 배알할 때도 술에 취해 있었다 하니, 애주가로 땅 위에 당할 자 누가 있었겠는가. 애주가 화가의 계보는 당나라의 술 취한 발묵 화가로부터 시작해서 명말청초의 서위나 팔대산인으로 이어진다. 주광 화가들이 으레 그렇듯이 오위 또한 필묵의 운용이 조방하고 자유로웠다.

오위의 작품 「어락도漁樂圖」는 발묵이 선염으로 처리된 작품이다. 이전 화가들의 일격적이고 문인화적인 경향이 내면의 정신적 이상세계를 표현했다면, 오위는 그저 자유스럽고 한가한 어촌의 실제 생활 모습을 그렸다. 때문에 그의 그림에서는 간략함과 유려한 필치는 보이지 않는 것 같다.

화면 앞쪽의 고목에서는 진한 발묵의 표현처럼 먹을 쏟아 부은 후에 그 형상에 따라 짧고 뭉툭한 붓으로 처리한 흔적이 보이고, 강렬한 묵색의 대조로 절파적인 양식도 절충하고 있다. 전경의 고기를 잡으려고 다리를 건너는 사람들과 멀리 있는 배경은 사선의 구도와 함께 연한 담묵으로 나타내어 어촌의 한가로움을 아름답게 표현했다. 이 부분은 묽게 선염한 후 약간의 필선이 가해진 기교가 느껴진다. 중경에는 고기를 잡으러 배를 타고 떠나는 사람들과 들어오는 사람들이 있다. 낚시를 하려고 낚싯대를 던지고 있는 평화롭고 한가한 어촌의 풍경이다.

　아쉽게도, 정겨움은 있으나 간략한 함축미가 없고 꾸밈없이 자유로우나 너무 세세하여 오히려 깊은 맛이 떨어진다.

제 머리를 도끼로 찍다

서위 徐渭 1521~93

중국 명(明)나라의
화가이자 문인이다.
시서화 모두에
천재적 재능을 보였으며
17세기에 등장한
개성파 화가들에 가까운
화풍을 보였다.
자해와 살인, 미치광이 짓 등의
기이한 행적과
지독한 술꾼으로 유명하다.

임백년, 「서위독서도」, 종이에 담채, 19.7×24.5cm, 조선시대, 개인 소장

정신을 낚는
예술가

강 위에 눈이 드문드문하고

물이 너무 차서 물고기마저 입질을 안 한다.

어부에게 물어나 볼까나.

고기를 잡으러 나온 거요

아니면 그냥 낚시하는 즐거움에만 빠져 있는 거요?

왕희지의 아들인 동진의 왕휘지王徽之 고사이다. 왕휘지가 친구인 대규戴逵의 집에 놀러 갔지만 들어가지 않고 돌아오니 그 이유인즉, "그럴 기분이여서 그곳에 갔지만 그럴 기분이 사라지니 그 집에 들어갈 이유가 없지 않은가"라는 것이었다. 어부가 물고기를 잡는 데에는 관심이 없고 낚시하는 데에만 즐거움이 있다는 뜻이다. 이 고사에 맞는 인물이 또 있다. 당대의 장지화張志和라는 인물인데, 그 역시 산수화에 뛰어나 술기운이 오르면 북을 치고 피리를 불며 붓끝을 핥아 곧 그림을 그렸다. 그모습이 곡진천진曲盡天眞 하였으니 그 흥취가 참으로 고원高遠하여 누구도 따를 수가 없었던 화가이자 문인이다. 강호에 살면서 성격도 고매하여 구속됨이 없었으며, 냇물을 따라 낚시질을 할 때는 항상 미끼를 던지지 않았다. 이는 그 뜻이 고기 잡는 데에 있지 않았기 때문이다.

이러한 뜻이 회화로 옮겨진다면? 그림 자체에 관심이 있는게 아니라 작품이 전달하는 정신(사상)에 그 진의가 있다는 것으로 풀이된다. 이것이 사의화寫意畵이다. 서위의 화조화花鳥畵가바로 사의화이며 수묵으로 그려졌으니 수묵사의화가 된다.

서위는 명말 청초의 화가이면서 문학 · 희곡 · 서예 등 다방면에서 뛰어났던 인물로, 스스로 호를 청등거사靑藤居士, 천지산인天池山人이라 했다. 태어나서 얼마 되지 않아 아버지를 여의고계모와 형의 손에서 자랐으니 어린 시절이 음습하고 불우했다. 아마 이때부터 가슴에 한과 울분이 쌓였을 게다.

서위는 기이한 것을 좋아하고 호탕하며 어디에도 매이기를 싫어한 성품을 가졌다. 일찍이 절강 소흥(당시 산음현)의 수재로 유명했으나 지나치게 뛰어나서인지 오히려 향시에서는 여러 번 낙방했다. 그러나 워낙 시문에 뛰어나, 그 재주를 아깝게 여기고 진가를 알아보는 이가 있었다. 스무 살의 서위는 총독 호종헌의 눈에 띄어 서기가 되었고 이름을 떨치기 시작했다.

일찍이 자기의 재주를 알아주니 서위의 마음에 호종헌은 은인이었고 아버지였다. 서위가 술을 좋아하여 저잣거리에서 음주로 소일하고 방탕한 생활을 하여도 호종헌은 부모가 자식을 어루만지듯 이를 문제 삼지 않고 오히려 그의 글재주를 아껴 관용을 베풀었다 한다. 그러니 서위가 가슴속에 품었을 사모의 정이 또한 깊고 깊었을 게다.

그런데 호종헌이 군사기밀과 연루되어 투옥되고 감옥에서 그만 스스로 목숨까지 끊어버리는 참사가 벌어졌다. 이 소식은 서위에게 하늘이 무너지는 아픔이요 절망이었다. 정신적인 지주이자 아버지와 다름없던 분이 그리 돌아가셨으니, 그 정신적인 충격은 내부에 잠재되어 있던 광질을 분출하기에 충분했다.

이 일로 그의 괴이한 광질이 더욱 심해지니, 마침내 자신의 머리를 도끼로 찍어서 자살을 기도하고 심지어 귀에 못을 박기도 했다. 그야말로 극도의 발광이었다. 머리를 깨서 온갖 괴로운 생각, 아니 생각조차 하기 싫은 것에서 벗어나려 했던 것일까? 귀에 못을 박아 소리를 들을 수 없으니 세상과 단절하려는 의지의 몸부림이었을까?

끝내 아내마저 살해하는 광란으로 이어져 감옥에 갇혔다. 어쩌면 죽기 위한 마지막 몸부림이었는지도 모른다. 서위는 죽기만을 기다렸다. 그러나 친구들의 도움으로 간신히 풀려나게 되니 그 기구함에 소름이 끼친다. 게다가 여기서 불운이 끝나지 않았다. 그는 좌절과 불운했던 삶을 광기에 가까운 폭음으로 잊고자 했다. 이후에도 그의 삶은 가난과 고독, 질병의 연속이었다. 서위는 그렇게 지치고 외로운 삶을 살다가 생을 마감했다.

가슴 속 울분이
먹의 유희로

그러나 그가 말년에 그린 작품에서는 삶이 어둡게 그려지지 않

서위, 「묵포도도」, 종이에 수묵,
166.3×64.5cm, 명나라

았다. 오히려 언뜻 보면 즐거운 유희로 가득 찬 생의 찬미를 노래한 듯하다. 자신의 삶은 광기로도 진정되지 않을 만큼 우울했지만 예술로 승화된 어떤 깨달음이 있었던 걸까. 그는 그림 속의 자신과 이야기하기도 했다. 어느새 늙은 노인이 되어 아까운 재주를 펼칠 수 없음을 한탄하고 있는 게다. 「묵포도도墨葡萄圖」에 그의 이런 한이 적혀 있다.

반평생을 헛되이 보내고 이제 이렇게 노인이 되어
밤바람이 윙윙거리는데 나 홀로 서재에 서 있다.
내 붓에서 나온 진주는 팔 곳이 없으니
덩굴 사이에 흩뿌려 놓을까.

서위의 수묵화훼도는 자연 경물을 통해서 자신의 울분이나 사상, 감정을 사물을 빌어 정情을 결합시킨 사의화였다. 그는 재주는 있으나 이를 알아주는 이 없다는 그 비애감을 그림의 제발題跋에 실었다.

「황갑도黃甲圖」의 제시題詩에도 자신의 슬픔을 초월하려는 감정을 사물을 빌어 표현했다. 방게를 통해 사악한 권신이었던 동탁을 비롯한 탐관오리들의 비리를 들추어내면서. 그 내용은

서위, 「황갑도」, 종이에 수묵,
114.6×29.7cm, 명나라

이렇다.

　벼 익은 강촌의 게들은 살찌고
　도끼날 같은 집게발로 진흙 속을 파고든다.
　한 마리를 종이 위에 뒤집어 놓아보면
　바로 앞에 동탁의 배꼽을 볼 것이다.

「묵포도도」는 붓에 의한 것보다 묵에 의한 발묵의 기법이 두드러진 작품이다. 그래서 포도와 잎사귀의 형체를 알아보기 힘들다. 홍건하게 먹을 부은 후 그 위에 약간의 필을 가하니, 수묵이 자윤하고 필치가 유창하다. 너무도 자연스럽게 표현한 포도가 그렸다기보다는 그냥 저절로 있었던 양, 먹물의 생동감이 뛰어나다. "이렇게 나이가 들어 그림을 그리니 유희와 같다"고 한 서위의 말에서 알 수 있듯이 오랫동안 가슴속에 품었던 그의 열정이 자유를 얻은 것이다.

　서위는 사물의 구체적인 형상을 떠나 마음의 자유로움을 얻었다. 그 때문에 먹으로 한바탕 유희를 즐기는 것이 가능했다. 서위는 일필逸筆과 형사形似를 추구하지 않는 가슴속의 일기逸氣를 저절로 표현한 광기의 화가였다.

몰락한 왕족 후손의
끝없는 고독

팔대산인 [八大山人] 1624-1703 추정

중국 청나라의 승려 화가로, 명나라 왕족의 후손이다. 청대 초기에 전통을 따르지 않은 개성주의 화가로 꼽히며, 새나 물고기 등의 소재를 간결하게 수묵으로 그렸다. 명나라의 패망과 아버지의 죽음으로 충격을 받은 후 기행을 일삼으며 창작 활동을 했다.

팔대산인, 「팔팔조도」, 종이에 수묵, 31.8×27.9cm, 1694, 개인 소장

왕족의 후손
주탑

봉건시대 최후의 왕조 청淸. 마지막 황제 부의가 자리를 물러나기까지 무려 267년 동안 중국을 지배했던 만주족은 중국 송화강 유역의 소수민족, 청이었다. 1644년, 명 숭정崇禎 17년에 이자성이 이끄는 대순군이 북경을 공격하여 성을 함락했다. 성이 함락되기 전날, 명 왕조의 17대 황제 주유검은 총애하는 왕비와 딸을 자신의 손으로 죽인 후, 급히 자금성을 도망쳐 나와 궁성 뒤 매산에서 목을 매달아 죽었다. 이자성 휘하의 장수에게 애첩 진원원을 빼앗긴 산해관 총병 오삼계는 복수의 깃발을 드높이며 관문을 활짝 열었으니, 이에 청나라 군대가 들어오면서 주인이 바뀌었다.

청은 명 왕조를 무력으로 점령하면서 수많은 학살과 파괴를 일삼았으며, 많은 문인과 지식인 들은 글과 그림을 통해 무력에 저항하며 울분을 토해내기에 이른다.

명 태조인 주원장의 10대 후손, 홍무제의 열여섯번째 왕자였던 팔대산인은 본래 이름이 주탑朱耷이었다. '큰 귀를 탑이라고 한다'는 뜻으로 아버지가 지어준 이름, 주탑. 승려가 되어 '팔대산인'이라는 새로운 이름으로, 산 그는 4대 승려화가(홍인 · 곤잔 · 석도 · 팔대산인) 중의 한 사람이며 유민화가, 혹은 발묵화조화의 시조라는 이름으로 불리는 등 그를 칭하는 이름이 많다.

선조가 익양왕으로 봉해지면서 남창으로 이주해 대대로 정착해 살던 주탑의 집안은 한 번도 그곳을 떠난 적이 없었다. 그리고 주탑이 명 왕조가 망했다는 소식을 들었을 때는 초여름의 날씨가 제법 후덥지근했던 때였다. 매실이 익어 비가 온다는 장마철 말이다.

주탑이 이 소식을 전하려 방에 들어갔지만 병석에 누워 있는 아버지를 보고는 차마 말문을 열지 못했다. 아버지가 아들의 안색을 보고는 뭔가 할 말이 있음을 직감으로 안다. 아버지 정길은 선천적인 벙어리였다. 그럼에도 아주 총명하여 어린 주탑에게 글자를 가르쳤고, 주탑은 아버지에게서 그림 그리는 법을 배웠다.

주탑의 아버지는 그림을 아주 잘 그렸는데, 특히 산수화조화에 뛰어나니, 그의 방은 항상 그림을 구하는 자들이 보내온 화선지와 흰 비단으로 가득 찼다 한다. 몇날 며칠 잠을 못 자고 아무리 피곤하여도 그림을 구하는 자들에게 반드시 그림을 완성해줬던지라, 마침내 병을 얻어 화실에서 쓰러져 일어나지 못하게 된 것이다. 이 같이 그가 직업적인 장인정신을 갖게 된 데에는 이유가 있었다.

그림을 그려주고 그림 값을 받아 생계를 유지했으니, 왕족의 후손이라는 것이 무색하다. 나라에서 주는 봉록을 받긴 했지만 액수가 너무 적어 그것으로는 가족들과 딸린 식솔들을 먹여 살리기가 턱없이 부족했던 것이다.

주탑을 예술가로 키운 아버지

경제적으로 넉넉하지는 않았지만 주탑은 왕족의 후손으로서의 삶이 만족스러웠다. 어려서부터 문文을 숭상하고 시서까지 전해지는 왕가에서 태어났기 때문에 그의 천부적인 재능이 훌륭하게 발육될 수 있었다. 네 살에 시문을 외우고, 손님들 앞에서 왕발의 『등왕각서騰王閣書』를 외운 신동이었다. 아버지는 "일곱 살의 생각이 역시 장대해, 입을 열어 봉황을 읊조리네"라며 아들을 두보에 비유하기도 했다. 아버지가 이런 아들을 친히 가르친 덕분에 주탑은 열한 살에 이미 그럴듯한 청록산수를 그릴 수 있었고, 미불의 소해小楷 글씨에도 뛰어나 그의 아버지는 이때 그를 예술가로 키울 작정을 하였다. 회화·서예·전각까지 그 예술적 수준은 상당했고, 그런 그의 뒤에는 아버지가 있었다. 빈센트 반 고흐가 그의 동생 테오의 지원으로 그 재능을 발휘할 수 있었다면 팔대산인은 그의 아버지의 관심과 지도가 그러했다.

재주와 학식을 겸비한 이 청년이 열네 살이 되던 가을, 왕실의 작위와 봉록의 세습을 포기하겠다고 하여 가족들을 놀라게 하더니, 왕족이란 신분을 벗어던지고 민간의 신분으로 과거시험을 보려 했던 날, 그 후덥지근한 여름, 명이 망하고 주탑의 아버지도 숨을 거두었다.

"가장 어려운 일은 죽음이 아니다. 때로는 삶이 죽음보다 더 힘들다. 죽음이 아니면 살아갈 이유가 없단 말인가. 성과 이름을 숨기고 하늘가 한 구석에 산다 한들 일체의 공명과 허명을 염두에 두지 말지어다. 그것은 모두 몸 밖의 것이니 번거로운 짐이나 재앙일 것이니. 향불을 사르거라." 벙어리 아버지는 그렇게 떠나갔다.

산으로 들어가 팔대산인이 된 주탑

그는 나이 열아홉에 아내와 어린 아들을 데리고 혼란스러운 난민들 틈에 끼었다. 여기저기 사람들의 아우성 소리와 어둠을 밝히는 불 속을 헤치며 얼마나 갔을까. 하루 종일 먹은 게 아무것도 없었던 아내와 자식은 머리가 아찔하고 눈앞이 캄캄해졌다. 언제 이들이 이 같은 혼란과 배고픔을 견뎌본 적이 있었겠는가. 어쨌든 왕족의 일원이었으니.

주탑은 가다가 다 찌그러져가는 어느 집 한 구석에 이들 모자를 앉혀놓고 먹을 것을 구해오겠노라고 하면서 집을 나섰다. 얼마를 걸었는지 알 수 없을 정도로 극도로 고통에 빠졌다고 느낀 순간, 머릿속이 새하얗게 변했다. 밤은 이미 깊었고 아내와 자식을 찾을 수가 없었다. 가족들은 어디에 있을까. 이 난리 속에 죽었을까. 어디로 갔는지 사람들의 아우성 소리만 요란했다.

무리에서 떨어져 나간 끝없는 고독과 목적지 없는 삶은 이렇게 시작되었다.

부끄럽구나! 미천한 몸으로 살아 있다는 것이,

슬프구나! 살기 위해 도망친 것이.

붓에 먹물을 찍어 단숨에 써내려간 그의 양심! 미치고 싶었을 게다. "신이시여"를 외치며 쌓여 있던 번뇌와 고통을 대성통곡하며 뱉어내었으니, 속세를 등지고 산속으로 들어가 팔대산인이라는 새로운 이름으로 20여 년을 보낸다.

오랫동안 우울과 고통에 억눌린 마음이 꾕질이 되어서 나타났으나, 어찌 보면 미친 것이요 또 어찌 보면 미친 척하는 행동이었는지 알 수 없다. 때로는 땅에 엎드려 목 놓아 통곡하고, 하늘을 우러러 크게 웃어젖히기도 하였으니……

머리 위로 날아가는 한 무리의 새를 본다. 문득 마음속에 무언가 떠오르니 새들도 인간과 같구나. 인간은 권력에 죽고 새들은 먹이를 위해 죽으니.

팔대산인, 「작은 새」, 「산수어조책」 중 2, 종이에 수묵, 32.0×26.5cm, 청나라

팔대산인, 「명조」, 「화조책」 중, 종이에 수묵, 23×28cm, 청나라

휠휠 나는 새 한 쌍

새로 난 나뭇가지 꺾네

가지 물고 남쪽으로 날아가

정성 들여 둥지를 짓네

어찌 알리오? 둥지 아직 따뜻하지 않은 것을

두 마리 도리어 서로를 쪼고 있구나

둥지 무너지고 알도 뒤집히건만

뉘 집을 향해 슬피 우는가?

그의 외로움과 처연함에는 신비감이 풍기는 비애미가 담겨 있다. 승려 생활을 했던 때에도 그랬고, 다시 속가로 환속했을 때에도 울분과 한없는 슬픔과 고독, 정치적인 소요의 괴로움을 잊기 위해서 그는 언제나 술을 마시고 취한 채 글을 쓰고 그림을 그렸다.

그의 창작 태도는 그 자신의 삶을 그대로 옮긴 양 울고 웃고 소리를 지르는 가운데 이루어졌으니 마음에 쌓인 광분을 달래려는 한 표현이었다. 이러한 기행 중에 한 창작은 대부분 술 취한 상태에서 일필휘지로 그려졌다.

자아가 투영된
그림

팔대산인은 명대 화가 서위의 그림을 너무도 좋아하였다. 그러나 화법에 얽매여서는 진정 자유로울 수 없다는 철학을 가지고 있으니 서위를 뛰어넘어 자기만의 그림을 그리려 고투하였다. 언제나 그것이 화두였다. 그리고 마침내 서위의 풍격과는 다른 팔대산인 자신만의 발묵 화조화의 그림을 그리게 되었다. 이러한 그의 그림에선 문인화가의 그림보다 더 문인화다운 풍격이 풍겼다.

그의 화조화 「작은새」 「명조」 「물고기」 등에 나오는 꽃과 새와 물고기는 팔대산인 자신이다. 선기禪機가 충만하면서 그 내용과 깊이를 알 수 없을 만큼 무한한 의미가 있다. 형상에 집착하지 않고, 아니 이미 형상에서 떠나 있는 그의 절제된 그림에는 너무도 간략한 함축미가 있다.

새와 물고기는 그의 그림에서 끊임없이 등장하는 주인공인데 유난히도 눈이 과장되게 표현돼 있다. 머리를 숙이고 흰자위를 희번덕이는 새는 강박을 나타낸다. 머리를 돌리고 흰자위로 곁눈질하는 새는 오만을, 목을 꼿꼿이 세우고 눈을 반쯤 감

팔대산인, 「물고기」, 「죽화어시화책」 중 2, 종이에 수묵, 청나라

은 새는 멸시를, 머리를 쳐들고 네모난 눈을 부라리는 새는 분
노를 나타낸다.

팔대산인의 특이함은 유달리 한 화면에 새 한 마리, 물고기
한 마리만 등장시키는 식으로 하나에 집착하고 편벽한다는 데
있다. 이는 선과 관련이 있으면서 아마 자신의 고독한 삶과 독
보적인 자신의 자아를 극명하게 분출하기 위한 의도가 있었음
이 엿보인다.

'팔대산인八大山人'을 하나로 연결하여 쓰면 '곡지哭之'와 같다
고 하고 '소지笑之'와 같다고도 한다. 그는 자신의 이름을 이렇
게 세로로 이어 써서 울고 웃으며, 울지도 웃지도 않으며, 울지
도 웃지도 못하는 상태에서 살아온 오랜 세월의 아픔을 나타냈
다. 그 누가 마음의 고통을 알겠는가?

이것은 과연 고통인가? 나의 웃음, 그것은 암담한 웃음이다. 나의 울
음, 그것은 처량한 울음이다. 오랜 시간, 나는 울 수도 웃을 수도 없
었다. 후세 사람들이여, 그대와 나 사이에는 기나긴 시간이 가로놓
여 있지만, 그대들이 냉엄하고 준엄한 눈길로 내 작품을 관조할 때
그 속에 담긴 가혹한 냉담을 발견할 것이다. 마치 솟아오르는 화산
이 새하얀 눈으로 뒤덮인 듯한 무관심을. 극도의 억압과 번뇌 때문

에 나는 시원스레 울 수도, 통쾌하게 웃을 수도 없었다. 하고 싶으나 할 수 없는 번뇌, 천하의 근심을 앞서 근심하고자 하는 번뇌, 냉대와 조소 그리고 버려짐으로 인한 번뇌, 다섯 말의 곡식 때문에 허리를 굽혀야 하는 번뇌가 밤낮으로 휘감고 있다. 고황에까지 침투해 도저히 잘라낼 수 없도록 어지러운 그 번뇌가.

간략한 필치로 그림을 그리고, 가능한 한 적은 필묵으로 그리려 한 팔대산인. 그림에서 그는 모두 '묵점은 적지만 눈물은 많다' 는 느낌을 표현하고 싶어했다.

술에 미치고 자연에 취하다

옛 문인과 화가 23인의 뜨거운 삶과 예술

ⓒ 박경희 2008

초 판 인 쇄 | 2008년 7월 11일
초 판 발 행 | 2008년 7월 18일

지 은 이 | 박경희
펴 낸 이 | 정민영
책 임 편 집 | 손희경 김윤희
디 자 인 | 김은희 문성미
책임마케터 | 윤태동
마 케 팅 | 최정식 정상희 이숙재

펴 낸 곳 | (주)아트북스
출 판 등 록 | 2001년 5월 18일 제406-2003-057호
주 소 | 413-756 경기도 파주시 교하읍 문발리 파주출판도시 513-8
전 화 | 031-955-7977(편집부) | 031-955-8888(관리부)
팩 스 | 031-955-8855
전 자 우 편 | artbooks21@naver.com

ISBN 978-89-6196-014-4 03300

이 도서의 국립중앙도서관 출판시도서목록(CIP)은 e-CIP 홈페이지(http://www.nl.go.kr/ecip)에서
이용하실 수 있습니다.(CIP제어번호: CIP2008002012)